Aplicaciones Informáticas para presentaciones: gráficas de información

Ofimática

Certificados de profesionalidad

RE/DG/TRANS/1-51

Anagrama «LUCHA CONTRA LA PIRATERÍA», propiedad de Unión Internacional de Escritores.

CONSEJO DE REDACCIÓN

María Mercedes Rey Botana

Mónica Alia Pulido

MAQUETACIÓN

Sara Bravo Alia

Beatriz Mateos Caballero

ILUSTRACIÓN DE CUBIERTA

Ignacio Velasco Marugán

© Centro de Estudios ADAMS. Ediciones Valbuena
C/ Narciso Serra, 14
28007 Madrid
adamsediciones@adams.es
www.adams.es

ISBN: 978-84-1077-053-9
Depósito legal: M-1451-2025
Editado en enero de 2025
Imprime: Centro de Estudios Adams. Ediciones Valbuena, S.A.
Impreso en España. Printed in Spain

Presentación

Comprometidos por ofrecer una propuesta formativa ajustada a las necesidades de la sociedad y del mercado de trabajo, Grupo ADAMS presenta este curso de **Aplicaciones Informáticas para presentaciones: gráficas de información** desarrollado conforme a los nuevos **Certificados de Profesionalidad** y, por tanto, vinculado al **Catálogo Nacional de Cualificaciones**. De esta manera, es posible obtener la acreditación oficial, con validez en todo el territorio nacional, de estar en posesión de las aptitudes y conocimientos que permiten un óptimo desempeño profesional, una vez superadas las pruebas establecidas al efecto.

Esta **Unidad Formativa**, con una duración asociada de 30 horas, forma parte del **Módulo Transversal de Ofimática (MF0233_2)**, perteneciente a la familia de Administración y Gestión.

En la elaboración de los contenidos hemos pretendido garantizar la **adquisición, mejora y actualización de las competencias profesionales** requeridas en el mercado laboral, así como fomentar el **aprendizaje**.

Para conseguir tal objetivo, cada unidad didáctica presenta la siguiente estructura:

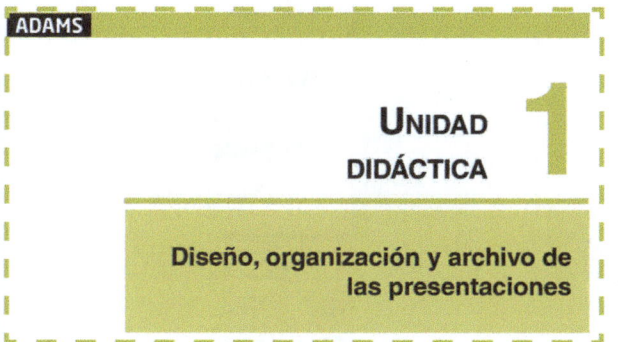

Título

Según el programa oficial publicado en el BOE.

Objetivos

Al comienzo de la unidad didáctica se identifican las capacidades que podrás adquirir.

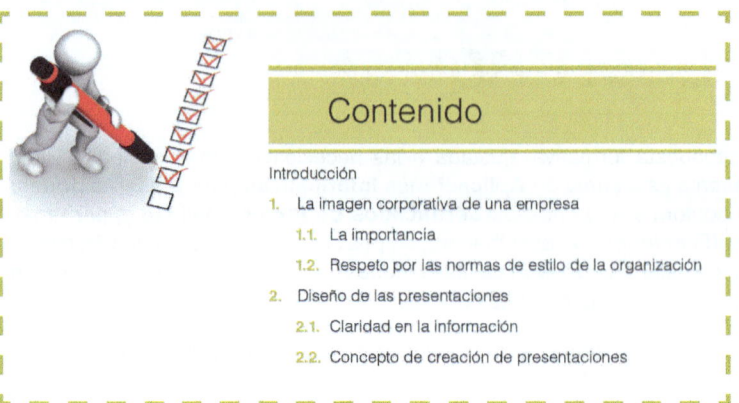

Contenido

Introducción

1. La imagen corporativa de una empresa
   1.1. La importancia
   1.2. Respeto por las normas de estilo de la organización
2. Diseño de las presentaciones
   2.1. Claridad en la información
   2.2. Concepto de creación de presentaciones

Índice de contenidos

Proporciona una visión general del contenido, enumerando todos los aspectos que se desarrollan en la Unidad Didáctica.

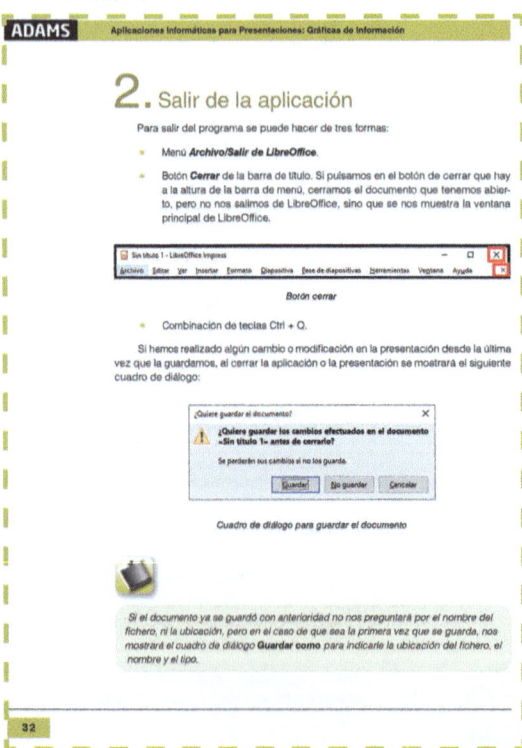

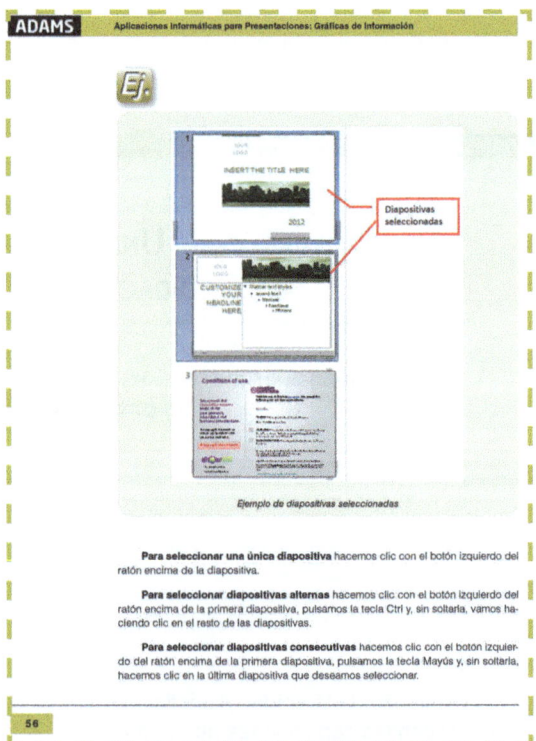

Exposición y desarrollo

Del contenido del programa oficial, con notas destacadas al margen, como "Definición", "Recuerda", "Información"…

Ejemplos y Actividades

Interrelacionados con los contenidos estudiados y que aportan una visión práctica de la materia.

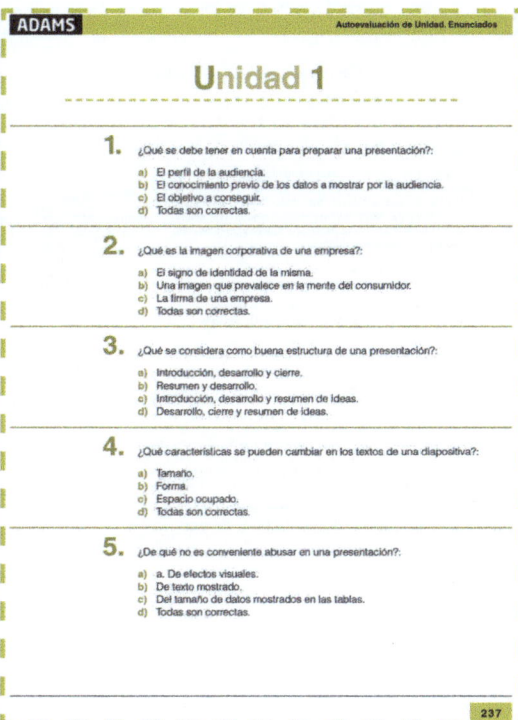

ADAMS Autoevaluación de Unidad. Enunciados

Unidad 1

1. ¿Qué se debe tener en cuenta para preparar una presentación?:

a) El perfil de la audiencia.
b) El conocimiento previo de los datos a mostrar por la audiencia.
c) El objetivo a conseguir.
d) Todas son correctas.

2. ¿Qué es la imagen corporativa de una empresa?:

a) El signo de identidad de la misma.
b) Una imagen que prevalece en la mente del consumidor.
c) La firma de una empresa.
d) Todas son correctas.

3. ¿Qué se considera como buena estructura de una presentación?:

a) Introducción, desarrollo y cierre.
b) Resumen y desarrollo.
c) Introducción, desarrollo y resumen de ideas.
d) Desarrollo, cierre y resumen de ideas.

4. ¿Qué características se pueden cambiar en los textos de una diapositiva?:

a) Tamaño.
b) Forma.
c) Espacio ocupado.
d) Todas son correctas.

5. ¿De qué no es conveniente abusar en una presentación?:

a) a. De efectos visuales.
b) De texto mostrado.
c) Del tamaño de datos mostrados en las tablas.
d) Todas son correctas.

237

Autoevaluaciones

Te ayudarán a comprobar el grado de asimilación de la materia estudiada, en base a las competencias a adquirir y sus criterios de realización.

Glosario

Te ayudará a comprender mejor el significado de algunas palabras.

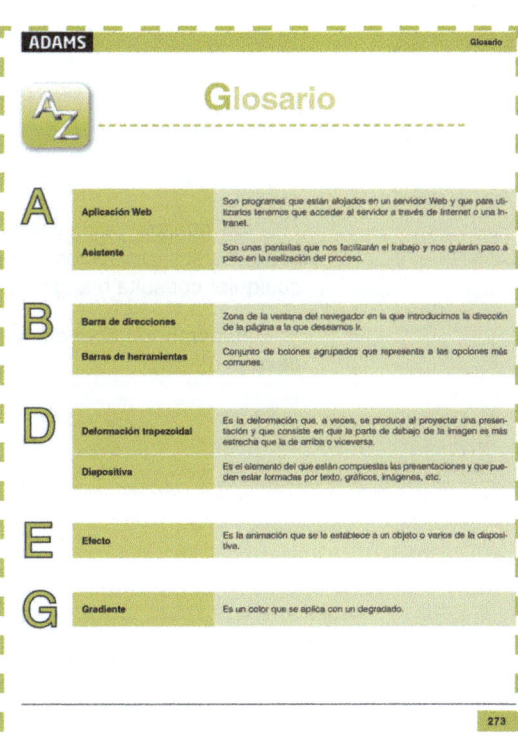

ADAMS Glosario

Glosario

A

| Aplicación Web | Son programas que están alojados en un servidor Web y que para utilizarlos tenemos que acceder al servidor a través de Internet o una Intranet. |
| Asistente | Son unas pantallas que nos facilitarán el trabajo y nos guiarán paso a paso en la realización del proceso. |

B

| Barra de direcciones | Zona de la ventana del navegador en la que introducimos la dirección de la página a la que deseamos ir. |
| Barras de herramientas | Conjunto de botones agrupados que representa a las opciones más comunes. |

D

| Deformación trapezoidal | Es la deformación que, a veces, se produce al proyectar una presentación y que consiste en que la parte de debajo de la imagen es más estrecha que la de arriba o viceversa. |
| Diapositiva | Es el elemento del que están compuestas las presentaciones y que pueden estar formadas por texto, gráficos, imágenes, etc. |

E

| Efecto | Es la animación que se le establece a un objeto o varios de la diapositiva. |

G

| Gradiente | Es un color que se aplica con un degradado. |

273

Bibliografía y Webgrafía

Para ampliar tus conocimientos en caso de considerarlo necesario.

En nuestra página web **www.adams.es** estarás al día en cuanto a información sobre cursos, productos y servicios se refiere, además tendrás la opción de dirigirnos cualquier consulta o sugerencia a través de **adams@adams.es**

Esperando haber cumplido el objetivo propuesto, te expresamos nuestros mejores deseos de éxito.

ADAMS

Índice

Iconos

 DEFINICIÓN

 EJEMPLO

 INFORMACIÓN

 IMPORTANTE

 NOTA

 OBJETIVOS LOGRADOS

 RECUERDA

Familia profesional: **ADMINISTRACIÓN Y GESTIÓN**

H. Q	Módulos certificado	H. CP	Correspondencia con el Catálogo Modular de Formación Profesional	
			Unidades formativas	Horas
120	MF0233_2: Ofimática	190	UF0319: Sistema Operativo, Búsqueda de la Información: Internet/Intranet y Correo Electrónico	30
			UF0320: Aplicaciones Informáticas de Tratamiento de Textos	30
			UF0321: Aplicaciones Informáticas de Hojas de Cálculo	50
			UF0322: Aplicaciones Informáticas de Bases de Datos Relacionales	50
			UF0323: Aplicaciones Informáticas para Presentaciones: Gráficas de Información	30

UNIDAD DIDÁCTICA 1

Diseño, organización y archivo de las presentaciones

Objetivos

⊡ Diseñar las presentaciones teniendo en cuenta las características de la empresa y su organización.

Contenido

Introducción

Elaborar una **presentación** es una tarea compleja, debemos establecer un **plan de actuación** que tome en consideración los destinatarios de la presentación, el objetivo que se pretende alcanzar, la duración, los medios gráficos y literarios.

En esta unidad veremos que, en el diseño de la presentación, hay que obtener la claridad en la información que se transmite y la persuasión en la transmisión de la idea.

1. La imagen corporativa de una empresa

1.1. La importancia

La imagen corporativa de una empresa es uno de sus más importantes elementos en la relación con el cliente.

A través de ella se comunican los valores, emociones y personalidad que quiere transmitir la empresa y con la que el cliente se sentirá identificado.

La imagen corporativa ofrece a los clientes experiencias con el objetivo aumentar los beneficios y fidelizar a los consumidores.

1.2. Respeto por las normas de estilo de la organización

> Las **normas de estilo** son un conjunto de directrices a seguir a la hora de crear una imagen o texto.

Desde el punto de vista de la **imagen**, cuando se quiera incorporar en un diseño (en este caso una presentación) deberá seguir las mismas proporciones que el original.

Respecto a los **colores**, muchos logotipos tienen un color muy bien definido que hay que respetar y, como mucho, mostrar en blanco y negro. Es decir, no se puede cambiar un color verde que identifica a una empresa por uno rojo: los conceptos relacionados y transmitidos pueden ser completamente distintos.

En cuanto al **tipo de letra**, hay que respetar la que incorporan las imágenes, en muchos casos exclusivas.

En muchos casos existen normas establecidas por la empresa sobre los tipos de fuente a usar, los tamaños apropiados de las mismas, la relación que va a existir entre los diferentes títulos y subtítulos, notas, apartados, etc.

2. Diseño de las presentaciones

2.1. Claridad en la información

Una vez establecidas las premisas que definen a la audiencia, el paso siguiente es estructurar la presentación. Para ello, es preciso dividir la información que se transmitirá a lo largo de la presentación en tres partes bien diferenciadas que facilitarán la transmisión y comprensión de la misma:

- **Introducción**: es la parte inicial de la presentación y en ella se destacarán los objetivos y puntos clave de la misma. Es decir, que debe establecer las ideas fundamentales.

- **Desarrollo**: es la parte más amplia de la presentación y ofrecerá la información relativa a cada uno de los puntos que se indicaron en la introducción.

- **Cierre**: la presentación debe concluir con una serie de ideas concretas y bien definidas que respondan a las preguntas o dudas iniciales.

2.2. Concepto de creación de presentaciones

2.2.1. Elementos de diseño

Una vez establecida la estructura hay que crear las diapositivas y, para ello, hay que tener en cuenta que se debe conseguir que las imágenes sirvan de apoyo a la presentación en lugar de representar una distracción para la audiencia.

Algunas de las cosas que tenemos que tener en cuenta a la hora de preparar las diapositivas son:

* La utilización de fondos sencillos.

* La utilización de letra fácil de leer. Una fuente difícil de leer actuará en contra de los intereses, ya que exigirá un esfuerzo innecesario por parte de la audiencia.

* Elección de un tamaño de letra uniforme para los títulos y para el cuerpo del texto a lo largo de toda la presentación.

* Utilización del mismo formato a lo largo de toda la presentación: fondos, tipo de letra, combinación de colores, etc. De esta forma, resultará más coherente y fácil de seguir.

* No abusar de los efectos visuales de transición de diapositivas, de aparición de texto, animación de elementos, etc. Pueden producir cansancio en el espectador y alargar la presentación sin necesidad.

* La utilización de un texto reducido. No es necesario escribirlo todo. El exceso de texto en una diapositiva resulta abrumador para la audiencia.

* No abusar de los gráficos, que deben ser fáciles de entender a primera vista, sin explicaciones.

* La simplicidad de las tablas.

• **Reglas para facilitar la lectura**

→ No utilizar letras mayúsculas para todo el texto.

→ La negrita permite visualizar el texto con mayor claridad.

→ Alinear el texto a la derecha.

→ En espacios pequeños se lee mejor la letra negra sobre fondo blanco (claro/oscuro).

→ Para grandes espacios funciona mejor el fondo negro y la letra blanca (oscuro/claro).

→ No es recomendable abusar de los colores. Hay que tener en cuenta que puede haber daltónicos entre el público.

2.2.2. Preparación del orador

Uno de los últimos pasos en la creación de una presentación es preparar el discurso que se desarrollará a lo largo de la misma. Para ello, una vez creadas las diapositivas será preciso:

- Anotar todos los temas que se van a tratar a lo largo de la presentación y crear un guion con lo que hay que decir.

- Preparar la documentación que se entregará a la audiencia (documentos).

- Ensayar la presentación para establecer el ritmo de la misma y su duración (intervalo entre diapositivas, transición, presencia del orador, lenguaje corporal, etc.).

A la hora de proyectar la presentación ante una audiencia y exponer el tema hay que tener en cuenta el tiempo del que se va a disponer:

- En intervenciones muy cortas es posible que solo se disponga de diez o quince minutos.

- En las más largas se puede llegar a disponer de hasta dos horas.

- Lo más habitual es que la duración de una presentación sea de entre treinta y cuarenta y cinco minutos, tiempo suficiente para exponer el tema sin que la audiencia se canse.

2.2.3. Color

- **El color denotativo**

Hace referencia al uso del color como representación de la figura, es decir, el color como atributo realista o natural de los objetos o figuras.

Dentro del color denotativo se pueden distinguir tres categorías:

- **Color icónico**. Es aquel en que la expresividad cromática ejerce una función de aceleración identificadora: la vegetación es verde, los labios rosados, el cielo es azul… La adición de un color natural acentúa el efecto de realidad, permitiendo que la identificación sea más rápida: una naranja resulta más real si está reproducida en su color natural.

- **Color saturado**. Es un cromatismo exaltado de la realidad, más brillante. Los colores son más densos, puros y luminosos. Este uso exagerado del color forma parte del triunfo de las imágenes como espectáculo visual, el mundo resulta más atractivo de esta forma.

- **Color fantasioso**. Es otro matiz de la denotación cromática realista. Este uso del color aparece, por ejemplo, en las fotografías solarizadas o coloreadas a mano, en las que no se altera la forma, pero sí el color. De esta forma se crea una ambigüedad entre la figura representada y el color que se le aplica, creando una fantasía de representación. En ocasiones puede exagerarse hasta el punto de que la forma queda semioculta tras la plenitud cromática.

• **El color connotativo**

Es el uso del color sobre la base de factores no descriptivos, sino psicológicos, simbólicos o estéticos, que suscitan un cierto clima y corresponden a amplias subjetividades. El color pasa a ser un componente estético que afecta a las sutilezas perceptivas de la sensibilidad.

Este uso connotativo del color no solo utiliza los colores para representar la realidad, sino que asume que los colores pueden hablar, que cada color es un signo que posee su propio significado.

De ahí surge la llamada **psicología del color**, que estudia las diferentes impresiones que emanan del ambiente creado por el color.

De este modo, cada dimensión del color está relacionada con una reacción diferente.

♦ *Cuanto más se satura un color, mayor es la impresión de que el objeto se está moviendo.*

♦ *Cuanto más brillante es el color, mayor es la impresión de que el objeto está más cerca de lo que en realidad está.*

♦ *Las tonalidades de la parte alta del espectro (rojos, anaranjados, amarillos) suelen ser percibidas como más enérgicas y extravertidas.*

♦ *Las de las partes bajas (verdes, azules, púrpuras) suelen parecer más tranquilas e introvertidas.*

♦ *Los verdes y los azules se perciben calmados, relajados y tranquilizantes.*

♦ *Los rojos, naranjas y amarillos son percibidos como colores cálidos.*

♦ *Los azules, verdes y violetas son considerados colores fríos.*

♦ *Las diferentes tonalidades también producen diferentes impresiones de distancia: un objeto azul o verde parece más lejano que un rojo, naranja o marrón.*

2.2.4. Texto

El texto suele ser un elemento fundamental de las presentaciones. Su claridad y facilidad de lectura dependen de una serie de variables:

- **Colocación del texto y legibilidad**

Hay que tener en cuenta que cuanto más se aleja la composición de la horizontalidad y de la orientación izquierda-derecha, más difícil será leer el texto.

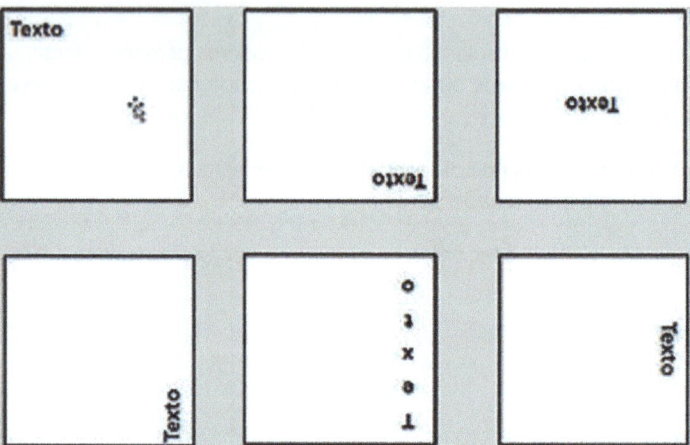

Ejemplos de diferentes formas de colocación del texto y legibilidad

- **Función y forma del texto**

Cuando la forma del texto se vuelve ostentosa de forma voluntaria, la función del texto, su legibilidad, queda relegada a un segundo término y la forma del texto cobrará más importancia que la información que transmite.

Ejemplo de forma tipográfica exagerada

Cuando la forma tipográfica se exagera de forma intencionada y la composición juega con la dirección de la lectura y los tamaños, la función informativa del texto puede quedar relegada a segundo plano.

Ejemplo de legibilidad del texto dificultada

En este caso la legibilidad del texto ha sido deliberadamente dificultada por medio de un juego elaborado de abreviaturas y ligaduras. La forma del texto es enrevesada y dificulta su lectura. Su carácter es esencialmente formal y solo secundariamente informativo.

• Unidad de texto y forma

Un recurso en el uso del texto, que puede reforzar el mensaje que se quiere transmitir, es ligar la forma del texto con el significado de la palabra o que el cuerpo y la forma del texto sirvan para realzar el significado de la palabra.

Ejemplo de unidad de texto

• Tamaño

Si se va aumentando la escala de un mismo carácter paso a paso, veremos cómo afecta el cambio de tamaño respecto al formato a la manera en que se "lee" dicho texto.

 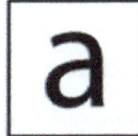 

Ejemplo de distintos tamaños de texto

- **Espacio**

El espacio no ocupado de la diapositiva no es un mero fondo de los elementos. El espacio es un elemento de diseño. El uso del espacio es la clave para producir bloques de texto que se asimilen correctamente.

La correcta relación entre tamaño de la fuente, el ancho de la línea de texto y el espaciado entre líneas es fundamental para facilitar la lectura.

2.2.5. La persuasión en la transmisión de la idea

Impress no prepara presentaciones, sino que permite crear diapositivas que servirán de apoyo a una presentación oral. Por ello, a la hora de utilizar el programa, hay que tener en cuenta una serie de pautas:

- **La importancia de simplificar**

Con Impress todo está disponible y es fácil crear, pero las presentaciones más eficaces son las más sencillas:

- Gráficos fáciles de comprender.

- Imágenes y dibujos que reflejen lo que el orador dice en cada momento.

- Líneas de texto cortas (cuatro o cinco palabras por línea) y pocas líneas de texto en cada diapositiva.

- No es preciso que aparezca todo en la pantalla.

- La saturación nunca es positiva.

- **Reducción del número de diapositivas**

La efectividad de Impress radica en su capacidad para apoyar, de forma concisa, las palabras del orador. Por ello, las presentaciones no deben convertirse en un laberinto de números y estadísticas. No es preciso abrumar a la audiencia.

Para proporcionar datos adicionales existen las notas, que pueden entregarse al final de la presentación o como apoyo de la misma. En la presentación solo debe incluirse el dato a destacar.

- **No limitarse a leer la presentación**

Las presentaciones no se crean para que el orador las lea ante la audiencia sino como un refuerzo. Leerlas sería una redundancia y haría que la presentación resultara aburrida.

Las presentaciones de Impress deben ser un apoyo al discurso, no una repetición del mismo.

* **En una presentación debe haber momentos de reposo.**

  La presentación debe ser un acompañamiento visual de la palabra del orador, pero no pasa nada si la pantalla se queda en blanco de vez en cuando.

  Es positivo que haya un descanso visual que facilite el intercambio verbal. En una presentación debe haber espacio para preguntas y respuestas, o incluso para discusiones en grupo.

* **Utilizar colores vibrantes y apropiados.**

  Un contraste marcado entre el fondo y el texto y los gráficos puede resultar muy efectivo a la hora de transmitir mensajes y emociones.

  Una característica fundamental del color es su utilización como elemento expresivo.

* **Utilizar imágenes y gráficos propios además de los incorporados en el programa.**

  En lugar de limitarse a los elementos gráficos que ofrece Impress, es positivo utilizar imágenes y gráficos externos. Esto aportará a la presentación una mayor variedad y atractivo visual.

* **Es aconsejable distribuir las notas al final, no durante la misma.**

  Es incómodo para el orador dirigirse a un grupo de personas que está entretenido leyendo un resumen de sus comentarios. Aunque siempre hay excepciones a esta regla como, por ejemplo, aquellas presentaciones en las que es necesario que los asistentes sigan un guion durante la presentación.

3. Evaluación de los resultados

Hay que buscar que la mayor parte de la audiencia a la que va destinada la presentación consiga captar la idea que se presenta y, para ello, hay que plantearse una serie de preguntas básicas que ayudarán a establecer las premisas que guiarán el desarrollo de la presentación:

→ ¿Cuál es el perfil de la audiencia a la que se dirige la presentación?

→ ¿Qué espera la audiencia de la presentación?

→ ¿Qué conocimiento tiene la audiencia sobre el tema de la presentación?

Estas harán que los resultados obtenidos para la mayoría de los espectadores sean óptimos.

Las respuestas que se den a estas preguntas ayudarán a definir los objetivos de la presentación y el contenido de la misma:

- ¿Qué se va a explicar?
- ¿En qué ideas hay que centrarse?
- ¿Cuál es la finalidad que se persigue con la presentación?

4. Organización y archivo de las presentaciones: confidencialidad de la información

La **confidencialidad** es la necesidad de que la información únicamente sea conocida por personas autorizadas. Esto significa que, en determinadas presentaciones, hay que saber cuál es el contenido a mostrar, sobre todo dependiendo del objetivo (no es lo mismo vender un producto que explicar los costes de fabricación del mismo) y del rango del espectador al que se dirige (no es lo mismo una vista global de la estrategia de la empresa para el personal general que para la alta dirección).

La información es el principal patrimonio de cualquier organización, por lo que su protección y seguridad resulta imprescindible, máxime en un momento en el que Internet y las relaciones electrónicas se han establecido como la nueva forma de relacionarse, con ventajas innegables, pero también con los riesgos que ello conlleva.

5. Entrega del trabajo realizado

Una vez terminada la presentación hay que tener en cuenta quién la entrega, dónde se entrega y qué equipos se usan.

- **Entrega al espectador**:

    Normalmente, tan solo se entregan las hojas de notas que acompañan a la presentación.

◆ **Entrega al espectador remoto:**

En este caso, cuando se ha difundido la presentación para poder verse a través de un navegador o a través de un correo electrónico, no hay ningún tipo adicional a entregar.

◆ **Entrega al cliente:**

En este caso, junto con la presentación, se debe entregar toda la información, como archivos, imágenes y objetos que hayan servido para hacerla.

Para exportarlo podemos hacerlo desde la ficha ***Archivo:***

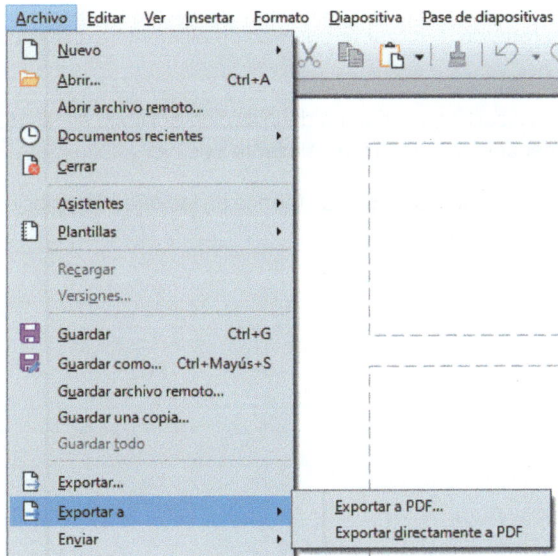

Archivo/Exportar a

Resumen

En esta unidad:

■ Se han expuesto algunos puntos a tener en cuenta antes de crear una presentación, tales como el procedimiento para crear diapositivas, calcular los tiempos de exposición, valorar el perfil del público al que va a ir dirigido esta, etc.

■ Se ha definido la importancia de la presentación en la transmisión de la imagen corporativa de la empresa.

■ Se ha aprendido a utilizar el color como elemento expresivo de las diapositivas.

■ Se han analizado las variables de inserción del texto en las diapositivas para que el mensaje resulte lo más eficiente posible.

■ Se han identificado las distintas formas en las que podemos entregar nuestra presentación ya finalizada.

UNIDAD DIDÁCTICA 2

Introducción y conceptos generales

Objetivos

- ⊡ Informar de la necesidad de guardar las presentaciones según los criterios de organización de archivos marcados por la empresa, facilitando el cumplimiento de las normas de seguridad, integridad y confidencialidad de los datos.

- ⊡ Adquirir competencias para crear, grabar y guardar una presentación mediante el programa.

- ⊡ Conocer la ventana de la aplicación y la interfaz de LibreOffice Impress.

Contenido

Introducción

LibreOffice Impress dispone de funcionalidades cuyo objetivo es facilitar las tareas de creación de diapositivas.

Impress ofrece una interfaz de usuario llamada la ***Cinta de opciones*** que ayuda a crear presentaciones con mucha más rapidez y de manera muy intuitiva. Además, incluye conjuntos de elementos de diseño unificados que proporcionan unidad al documento mediante color, fuentes y gráficos, y opciones de formato mejoradas que pueden usarse para crear presentaciones dinámicas de aspecto profesional en poco tiempo.

A lo largo de esta unidad estudiaremos las nuevas características del programa y aprenderemos a manejarnos en el entorno de trabajo del mismo.

1. Ejecución de la aplicación para presentaciones

Como cualquier otra aplicación que se ejecuta en el entorno del sistema operativo Windows, Impress se puede iniciar de varias formas:

* **Desde el acceso directo de LibreOffice**:

  Hacemos clic en el acceso directo del escritorio y, después, seleccionamos LibreOffice Impress.

Icono acceso directo LibreOffice

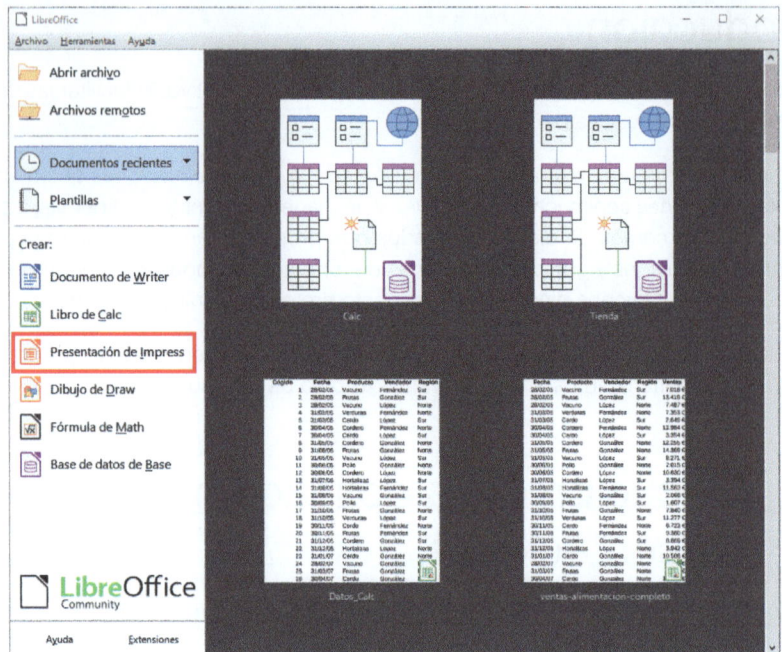

Ventana LibreOffice

Se mostrará la ventana principal de LibreOffice donde seleccionaremos **Presentación de Impress**.

■ **Desde el acceso directo de la aplicación de Impress**:

Igual que tenemos el acceso directo de LibreOffice podemos tener el de la aplicación en concreto.

■ **Desde el botón Inicio**:

Otra forma de iniciar la aplicación es hacer clic en el botón **Inicio/Todas las aplicaciones/** Libreoffice/**LibreOffice Impress.**

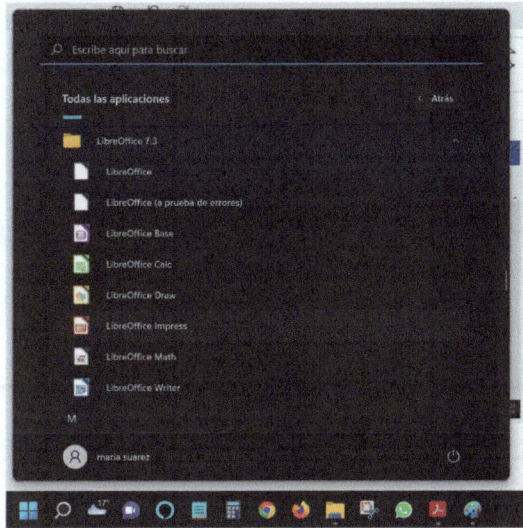

Inicio/Todas las aplicaciones/ Libreoffice/LibreOffice Impress

En cualquiera de los casos se nos carga la aplicación y nos aparece una pantalla para seleccionar la plantilla:

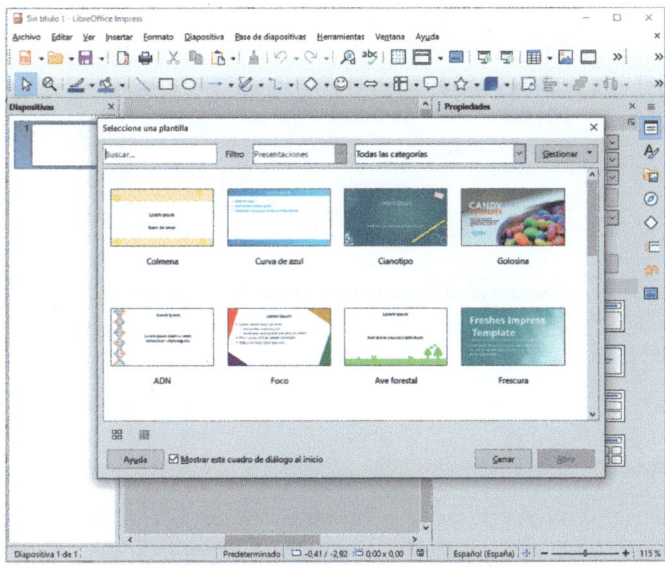

Seleccionar una plantilla

2. Salir de la aplicación

Para salir del programa se puede hacer de tres formas:

* Menú *Archivo/Salir de LibreOffice*.

* Botón *Cerrar* de la barra de título. Si pulsamos en el botón de cerrar que hay a la altura de la barra de menú, cerramos el documento que tenemos abierto, pero no nos salimos de LibreOffice, sino que se nos muestra la ventana principal de LibreOffice.

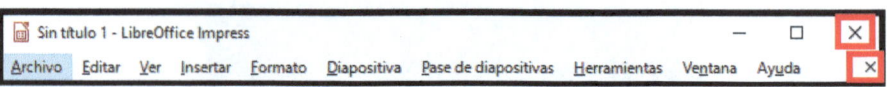

Botón cerrar

* Combinación de teclas Ctrl + Q.

Si hemos realizado algún cambio o modificación en la presentación desde la última vez que la guardamos, al cerrar la aplicación o la presentación se mostrará el siguiente cuadro de diálogo:

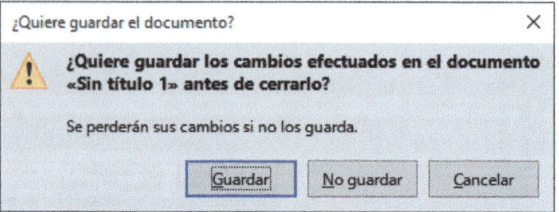

Cuadro de diálogo para guardar el documento

Si el documento ya se guardó con anterioridad no nos preguntará por el nombre del fichero, ni la ubicación, pero en el caso de que sea la primera vez que se guarda, nos mostrará el cuadro de diálogo **Guardar como** *para indicarle la ubicación del fichero, el nombre y el tipo.*

3. Creación de una presentación

3.1.   Crear una presentación basada en una plantilla

A la hora de crear una presentación, hay que tener en cuenta varios aspectos:

→   Objetivos a alcanzar con la presentación.

→   En qué medio se va a exponer (en papel, mediante proyección, en monitor, etc.).

→   El público al que se dirige, su edad, sexo, nivel social y cultural, así como sus expectativas respecto a la presentación.

→   Si utilizaremos una presentación nueva o partiremos de una existente.

→   Si existen plantillas corporativas que vayan a definir el formato de la presentación, si vamos a usar las incluidas en el programa o si vamos a empezar con una presentación en blanco.

→   Si vamos a utilizar una plantilla o una presentación en blanco.

Al abrir Impress se nos muestra el cuadro de diálogo **Seleccione una plantilla**, que no solo nos permite seleccionar la plantilla para nuestra presentación, sino que también podemos gestionar las plantillas.

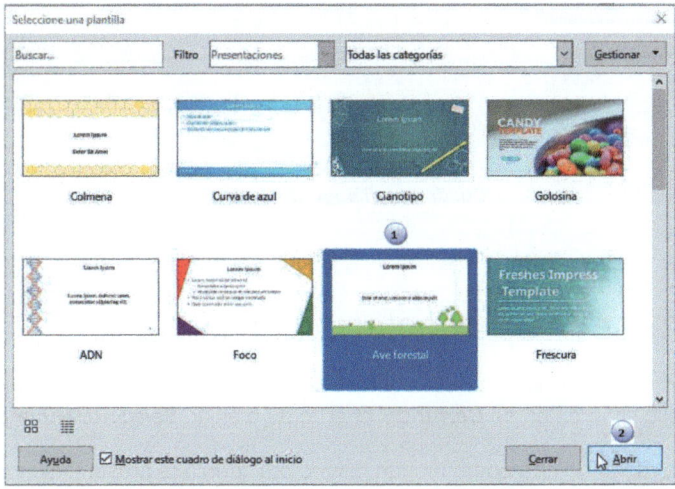

Cuadro de diálogo Seleccione una plantilla

*Para evitar que se abra el cuadro de diálogo **Seleccione una plantilla** al crear una nueva presentación realizamos los siguientes pasos:*

◆ *Ir el menú de **Herramientas**.*

◆ *Seleccionar **Opciones**.*

◆ *Hacer doble clic con el botón izquierdo del ratón en LibreOffice Impress.*

◆ *Hacer clic en **General**.*

◆ *Desactivar la casilla **Comenzar con selección de plantillas**.*

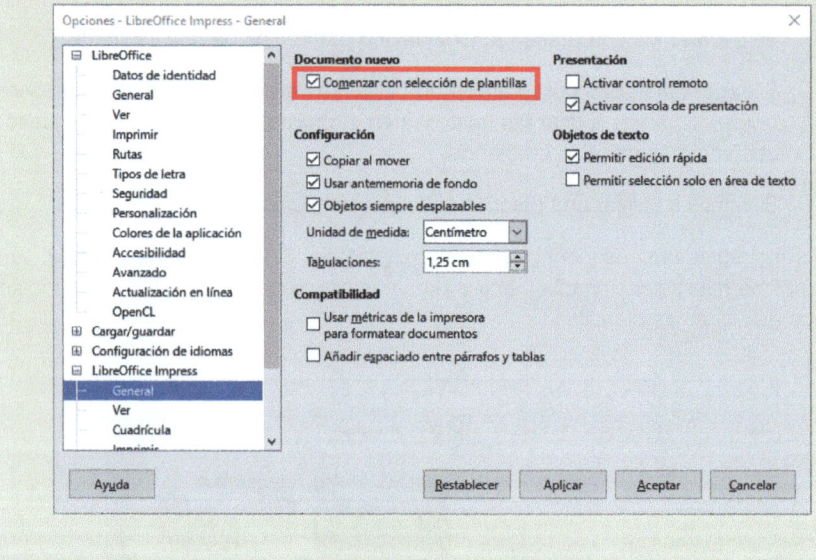

Cuadro de diálogo Opciones

3.2.　Crear una presentación en blanco

Al abrir Impress, si lo que deseamos es crear una presentación en blanco, debemos hacer clic en el botón de ***Cerrar*** del cuadro de diálogo ***Seleccione una plantilla***.

De este modo no aparecerá ningún diseño aplicado a la presentación y solo tendremos una diapositiva en blanco. A partir de aquí vamos creando nuestra presentación:

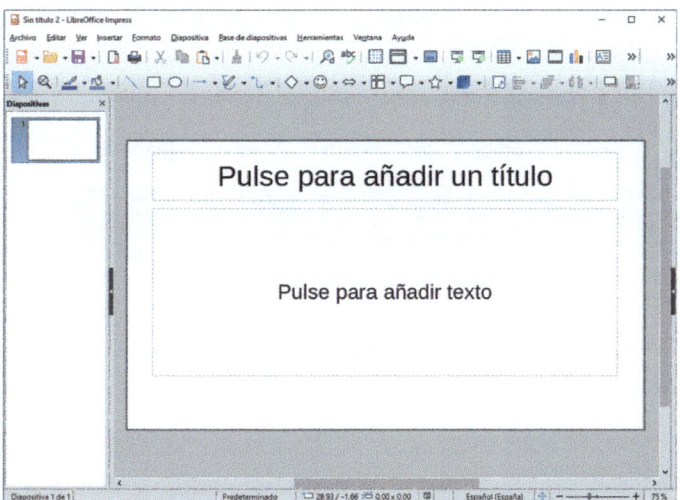

4. Grabación de una presentación

Como en cualquier otra aplicación de LibreOffice debemos guardar la información para no perderla. Podemos hacerlo de varias formas:

- Hacemos clic en el menú **Archivo** y seleccionamos la opción **Guardar**.

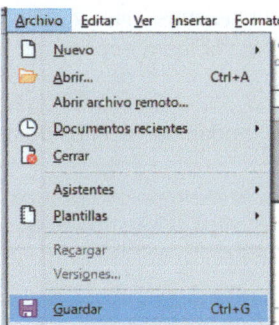

Archivo/Guardar

- Pulsando el botón de **Guardar** de la barra de herramientas **Estándar**.

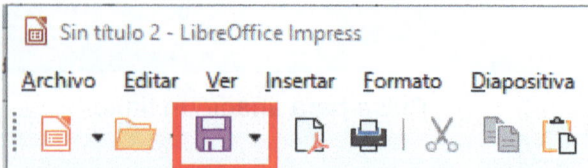

Barra de herramientas Estándar

- Con la combinación de teclas Ctrl + G.

*De cualquiera de las formas, si el fichero es la primera vez que se va a guardar, se mostrará el cuadro de diálogo **Guardar como** para indicarle la carpeta, el nombre y el tipo con el que deseamos guardarlo.*

5. Cierre de una presentación

El sistema operativo Windows es un sistema operativo multitarea, por lo que nos permite trabajar con varias presentaciones a la vez, pero si no estamos trabajando con ellas es conveniente cerrarlas para libreara espacio en la memoria y no ralentizar los procesos.

Para cerrar la presentación, podemos hacerlos de dos formas:

◆ Botón **Cerrar**.

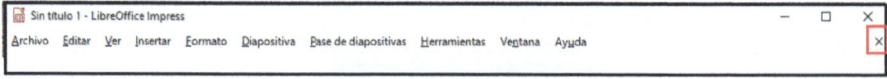

Botón Cerrar

◆   Menú *Archivo/Cerrar*.

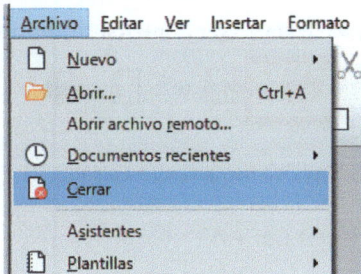

Archivo/Cerrar

*Si estamos trabajando con varias presentaciones, al pulsar la opción de **Cerrar**, solo se cierra la presentación que tengamos en ese momento en pantalla. Si tenemos abierta una sola presentación esta se cierra y se nos muestra la ventana principal de LibreOffice.*

6. Apertura de una presentación

Para abrir una presentación podemos hacerlo de las siguientes formas:

■   Menú de *Archivo/Abrir*.

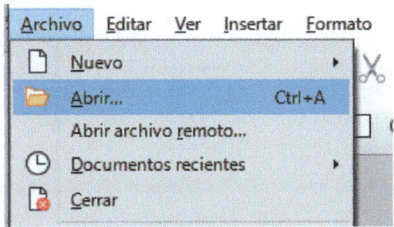

Archivo/Abrir

■ Botón de **Abrir** la barra de herramientas **Estándar**.

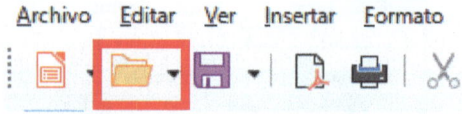

Barra de herramientas Estándar

■ Combinación de teclas Ctrl + A.

De cualquiera de las formas anteriores se mostrará el cuadro de diálogo **Abrir** para indicar la carpeta en la que tenemos el fichero que queramos abrir:

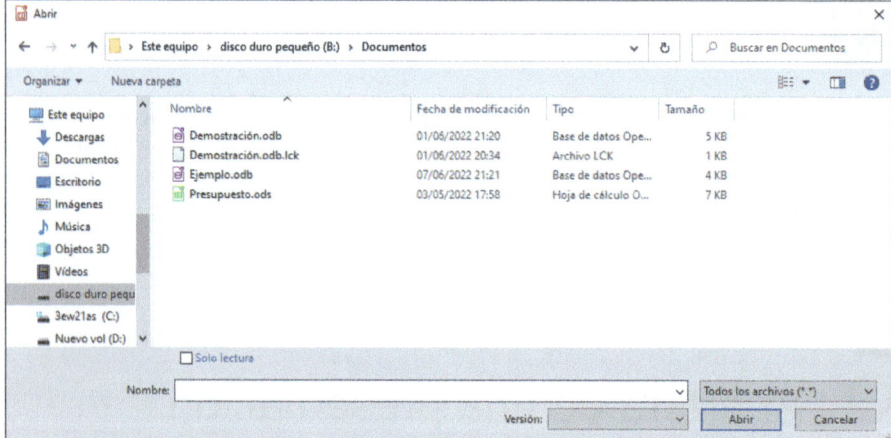

Cuadro de diálogo Abrir

7. Estructura de la pantalla

7.1. Introducción

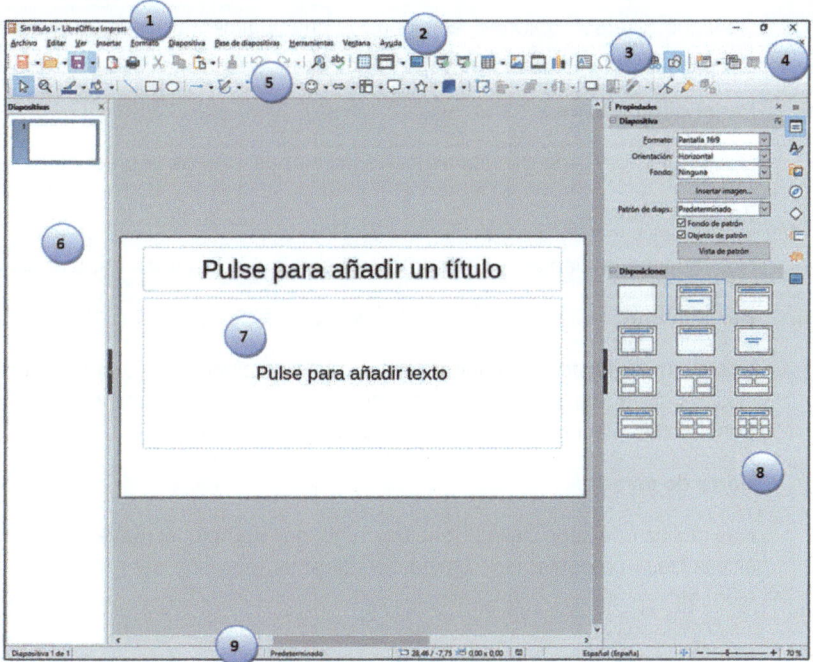

Ventana principal

1. **Barra de título**:

   Contiene el nombre del fichero seguido del nombre de la aplicación y en la parte derecha se ubican los botones del control de la ventana (maximizar, minimizar, restaurar y cerrar).

2. **Barra de menú**:

   Nos encontramos todas las opciones disponibles en el programa.

3. **Barra herramienta estándar**:

   Contiene los botones relacionados con acciones comunes, como, por ejemplo, guardar, abrir o imprimir.

4. **Barra presentación:**

    Contiene unos botones relacionados con acciones que afectan a las diapositivas. Nos permiten añadir, duplicar, eliminar y definir la disposición de las diapositivas.

5. **Barra de dibujo:**

    Contiene diversos botones relacionados principalmente con la inserción de objetos (círculos, triángulos, llamadas, etc.).

6. **Panel diapositivas:**

    Muestra en forma de miniaturas todas las diapositivas de la presentación.

7. **Zona de trabajo**:

    Nos muestra la diapositiva seleccionada con la que estamos trabajando.

8. **Barra lateral:**

    Nos permite mostrar y definir diversas configuraciones, las propiedades de la diapositiva, los estilos definidos, acceder a la galería, definir y modificar transiciones y animaciones, mostrar los patrones de diapositivas, etc.

9. **Barra de estado:**

    Nos facilita una serie de información como, por ejemplo, el número de diapositivas de la presentación, idioma del corrector, posición del punto de inserción, etc.

7.2. Cambiar el tamaño de los elementos de las ventanas

Para cambiar el tamaño de los elementos que muestra la ventana de la aplicación procedemos de la siguiente forma: llevamos el puntero del ratón a cualquiera de las divisiones de la pantalla y arrastramos cuando la flecha cambia de aspecto.

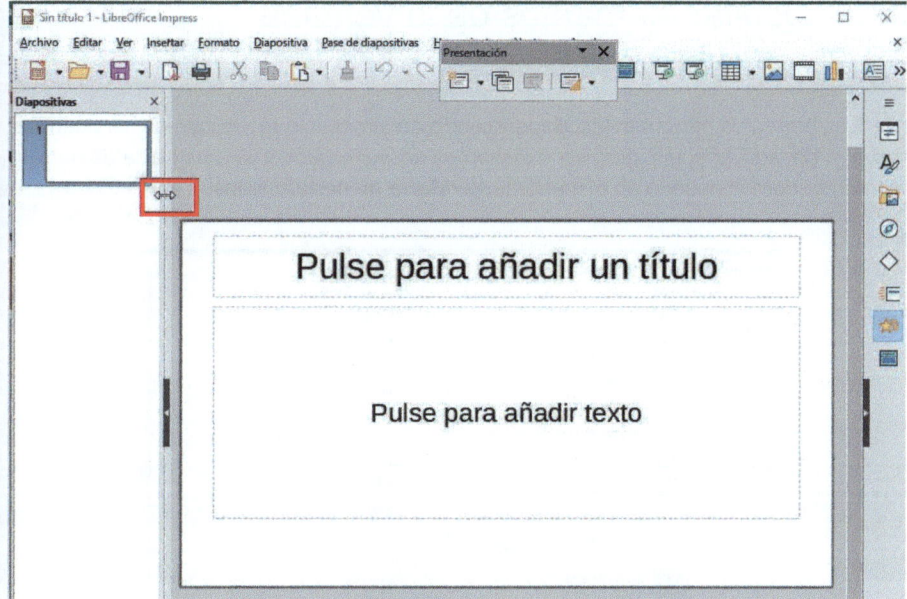

Panel de diapositivas

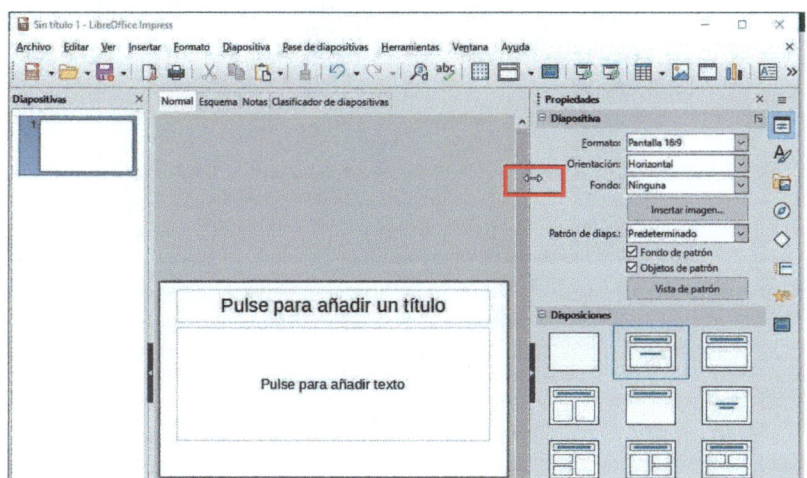

Panel lateral

7.3. Ocultar elementos de la ventana

• Barras de herramientas

Las barras de herramientas, dependiendo del proceso que realicemos, se pueden activar o desactivar solas, pero si necesitamos activar o desactivar una barra de herramientas podemos hacerlo en el menú de *Ver/Barra de herramientas*.

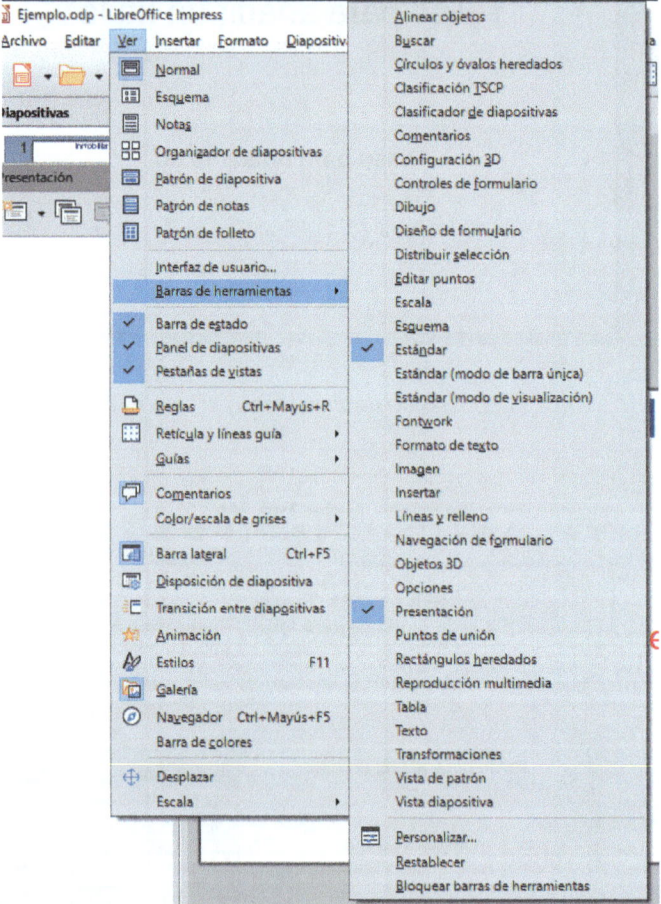

Ver/Barra de herramientas

En esta opción también podremos personalizar las barras de herramientas y la barra de menú y bloquear o desbloquear las barras de herramientas.

- **Barra de estado**

La barra de estado, por defecto, esta visible y, en ella, disponemos de una serie de información sobre la presentación.

Para mostrar/ocultar la barra de estado disponemos de la opción en el menú de **Ver/Barra de estado**.

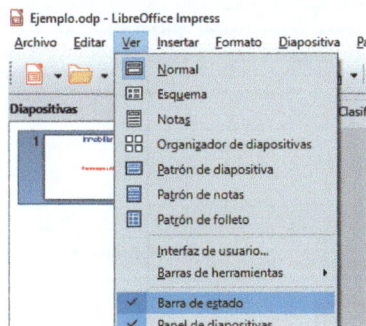

Ver/Barra de estado

- **Panel de diapositivas**

Es la parte izquierda de la pantalla en la que se muestran las diapositivas de la presentación en modo miniatura.

Si deseamos mostrar/ocultar el panel de diapositivas disponemos de la opción en el menú de **Ver/Panel de diapositivas**.

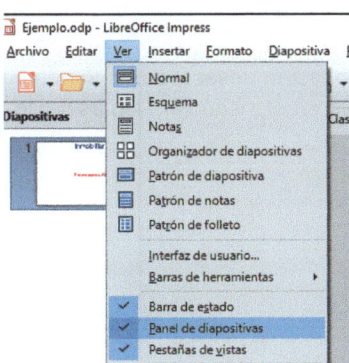

Ver/Panel de diapositivas

Si el panel de diapositivas lo tenemos visualizado, podemos ocultarlo pulsando en el botón que tenemos entre el panel de diapositivas y la zona de trabajo.

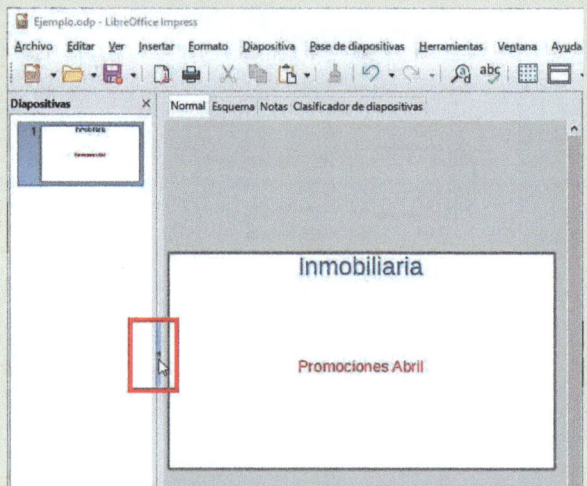

Ocultar panel de diapositivas

Para mostrarlo pulsamos en el mismo botón.

- **Reglas**

Las reglas, por defecto, están desactivadas. Si queremos mostrarlas en el área de trabajo, podemos hacerlo en el menú **Ver/Reglas** o con la combinación de teclas Ctrl + Mayús + R.

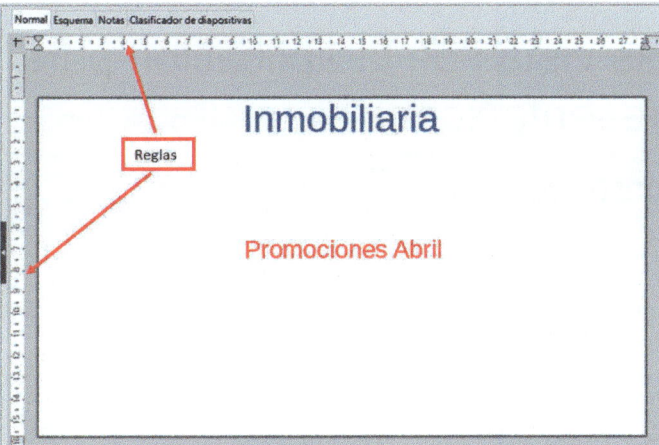

Reglas

• Barra lateral

Está situada en la parte derecha de la pantalla y para activarla o desactivarla accedemos al menú ***Ver/Barra lateral*** o con la combinación de teclas Ctrl + F5. Una vez activada podemos mostrarla u ocultarla pulsando en el botón que tenemos entre la zona de trabajo y el panel lateral.

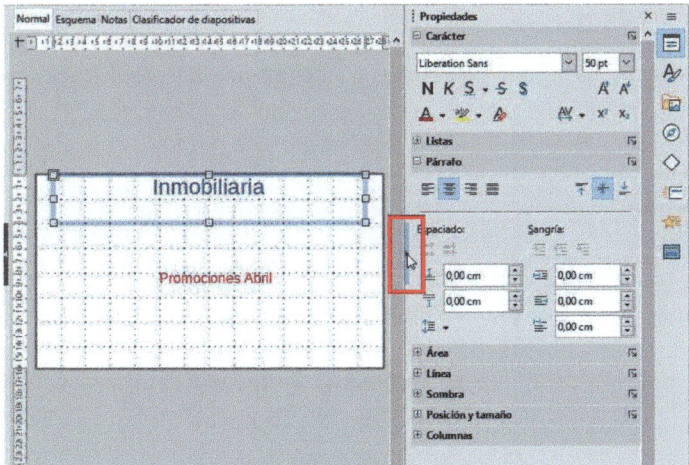

Ocultar panel lateral

8. Las vistas de la aplicación para presentaciones

8.1.   Introducción

LibreOffice Impress ofrece varias posibilidades para visualizar una presentación. Estas pueden ser útiles para ver el contenido particular de una diapositiva (vista normal), el contenido general de una presentación (organizador o clasificador de diapositivas) o el contenido general del texto contenido en una presentación (esquema).

Para acceder a los tipos de vista de Impress podemos hacerlo de dos maneras:

→   Desde el menú *Ver:*

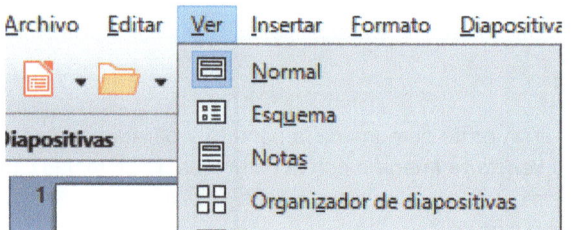

Menú Ver

A través de la zona de trabajo (si tenemos activa la visualización de los modos de vista).

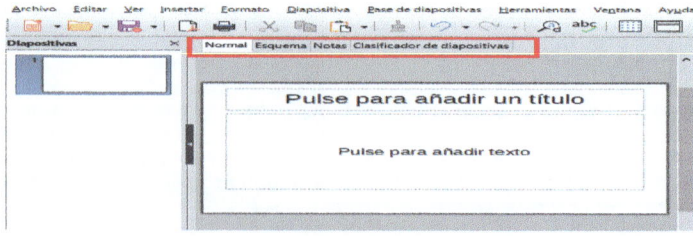

Modos de vista en el área de trabajo

8.2. Vista *Normal*

Es la vista que aparece por defecto y, por lo tanto, la de edición principal, donde se escriben y diseñan las presentaciones.

En la vista **Normal** se puede diseñar diapositivas, insertar y formatear cualquier texto o gráfico y agregar efectos de animación.

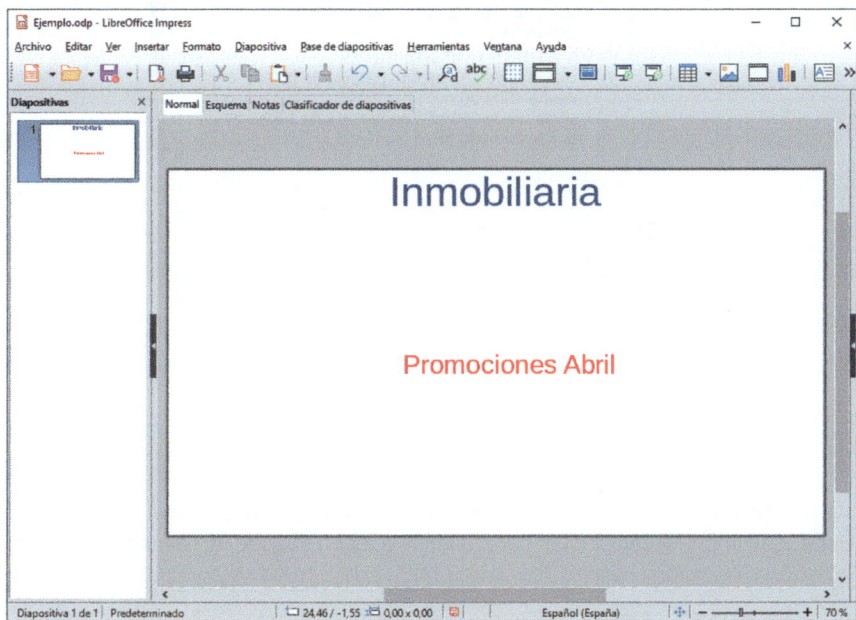

Vista Normal

8.3. Vista *Esquema*

La vista **Esquema** permite a Impress mostrar la presentación como un esquema formado por los títulos y el texto principal de cada diapositiva.

Cada título de diapositiva aparece en la parte izquierda, junto con el icono y el número de la diapositiva a la que pertenece y el texto principal aparece con sangría debajo del título.

Trabajar en la vista **Esquema** es muy útil para insertar texto, realizar modificaciones globales en la presentación, cambiar la secuencia de las viñetas o diapositivas o aplicar cambios de formato al texto.

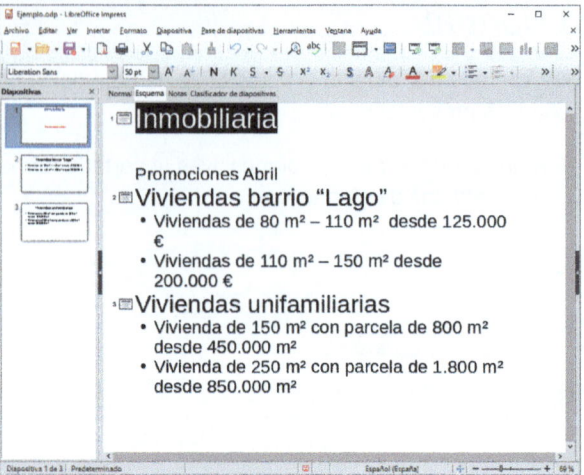

Vista Esquema

8.4. Vista *Notas*

Esta vista se utiliza para añadir notas a una diapositiva.

Estas notas no se ven cuando la presentación se muestra a una audiencia, pero el orador puede imprimir estas notas para tenerlas a mano cuando realice la presentación.

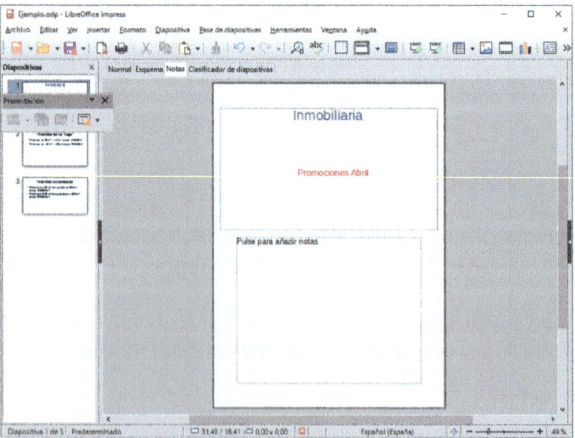

Vista Notas

Podemos cambiar el tamaño del cuadro de texto **Pulse para añadir notas** utilizando los controladores de cambio de tamaño que aparecen cuando hacemos clic en el borde del cuadro.

También podemos mover o cambiar el tamaño del cuadro haciendo clic y arrastrando el borde del cuadro.

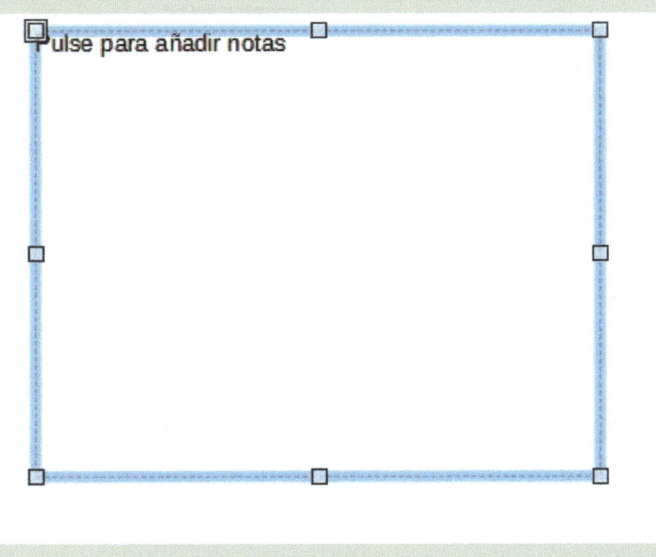

Cuadro de texto para insertar las notas

8.5. Vista *Clasificador de diapositivas*

En este tipo de vista se visualizan varias diapositivas a la vez en forma de miniatura, haciendo muy flexible cambiar el orden, copiar o eliminarlas.

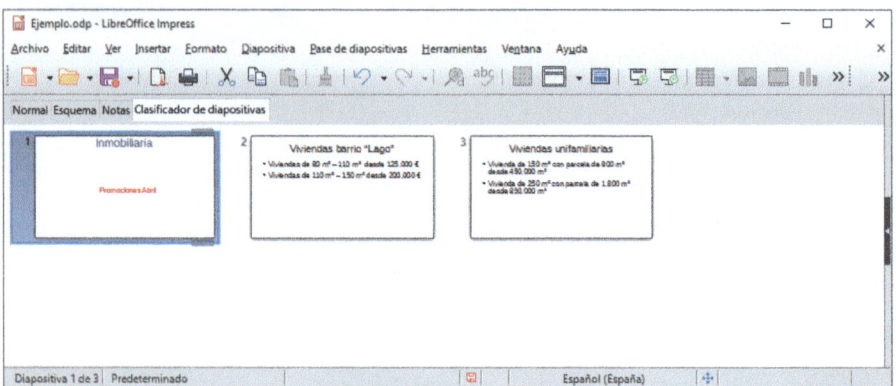

Vista Clasificador de diapositivas

Resumen

En esta unidad:

- Hemos identificado las funciones esenciales de apertura y cierre de la aplicación.

- Hemos aprendido cómo crear, guardar y cerrar una presentación.

- Hemos identificado los componentes de la ventana principal de Impress.

- Hemos clasificado los tipos de vista que presenta la aplicación.

UNIDAD DIDÁCTICA 3

Acciones con diapositivas

Objetivos

- ☑ Identificar las prestaciones, procedimientos y asistentes de un programa de presentaciones gráficas describiendo sus características.

- ☑ Adquirir competencias para la inserción, eliminación, duplicación y ordenación de diapositivas en la presentación.

Contenido

Introducción

Introducción

Las diapositivas son el elemento fundamental de una presentación.

Esta unidad está dedicada a las diapositivas, cómo se crean, se modifican, etc. Por tanto, se centra en la diapositiva como contenedor de objetos y como objeto en sí misma.

1. Inserción de nueva diapositiva

Hay varias formas de insertar diapositivas:

- Desde el menú Diapositiva/Diapositiva nueva.

- Pulsando el botón derecho en cualquier diapositiva del panel de diapositivas y seleccionando la opción **Diapositiva nueva**.

- Pulsando Intro tras seleccionar cualquier diapositiva del panel de diapositivas.

- Desde vista **Organizador de diapositivas,** seleccionando **Diapositiva nueva** en el menú contextual en la ubicación deseada.

- Desde la barra de herramientas **Presentación.**

- Utilizando la combinación de teclas Ctrl + M.

2. Seleccionar diapositiva

Una vez insertada una diapositiva en la presentación, para cualquier cambio u operación que deseemos realizar sobre ella o sobre un conjunto de diapositivas previamente debemos de seleccionarla.

Cuando tenemos una diapositiva o varias seleccionadas, estas se muestran con un borde resaltado.

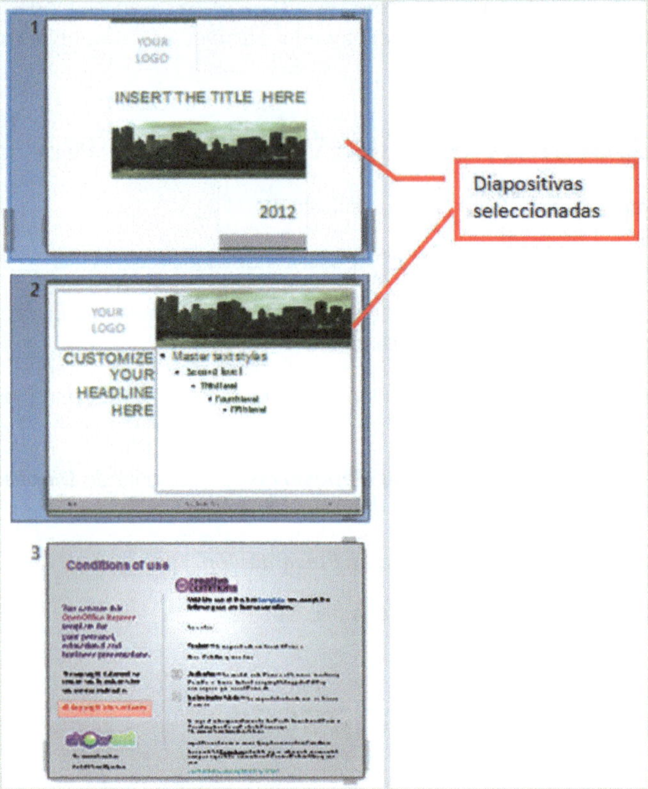

Ejemplo de diapositivas seleccionadas

Para seleccionar una única diapositiva hacemos clic con el botón izquierdo del ratón encima de la diapositiva.

Para seleccionar diapositivas alternas hacemos clic con el botón izquierdo del ratón encima de la primera diapositiva, pulsamos la tecla Ctrl y, sin soltarla, vamos haciendo clic en el resto de las diapositivas.

Para seleccionar diapositivas consecutivas hacemos clic con el botón izquierdo del ratón encima de la primera diapositiva, pulsamos la tecla Mayús y, sin soltarla, hacemos clic en la última diapositiva que deseamos seleccionar.

Para seleccionar todas las diapositivas de la presentación, en el menú *Editar,* seleccionamos la opción *Seleccionar todo* o pulsamos la combinación de teclas Ctrl + E.

3. Eliminación de diapositivas

Para eliminar una diapositiva de una presentación podemos:

* Seleccionar la diapositiva, hacer clic con el botón derecho del ratón en el menú contextual y elegir la opción *Eliminar diapositiva.*

* Eliminar la diapositiva utilizando la tecla Supr tras seleccionarla.

* Acceder a la opción *Eliminar diapositiva* en el menú *Diapositiva.*

* Utilizar el botón *Eliminar diapositiva* de la barra de herramientas de *Presentación*.

*No se pueden eliminar diapositivas en la vista **Presentación con diapositivas** (**Pase de diapositivas/Iniciar presentación**), ya que este modo de vista es para ejecutar la presentación.*

4. Duplicación de diapositivas

Para duplicar una diapositiva:

→ Seleccionamos la diapositiva y vamos a *Diapositiva/Duplicar diapositiva*.

→ Seleccionamos la diapositiva y utilizamos el menú de contexto para duplicarla.

→ Podemos hacerlo a través del botón *Duplicar diapositiva* de la barra de herramientas *Presentación*

5. Ordenación de diapositivas

Las diapositivas se colocan en la presentación en el orden en el que se van creando. Este orden es el que se utilizará para realizar la exposición de la presentación.

En algunas ocasiones, una vez hecha toda o parte de la presentación, es necesario cambiar el orden en el que se van a exponer las diapositivas.

Para cambiar el orden de presentación:

● Seleccionar las miniaturas de las diapositivas que se quieren mover en el panel de diapositivas.

● Arrastrar a su nueva posición.

*También podemos seleccionar la diapositiva que deseamos mover, escoger la opción **Cortar**, ubicarnos en la posición a la que deseamos mover la diapositiva y seleccionar la opción **Pegar**.*

6. Manipulación de diapositivas

6.1. Copiar y pegar diapositivas

Cuando se copian una o varias diapositivas a una ubicación distinta, ya sea de la misma presentación o de otra distinta, Impress copia la diapositiva con el mismo formato que la original.

Para copiar y pegar una diapositiva seguimos los siguientes pasos:

◆ En el panel de diapositivas o en la vista *Clasificador de diapositivas*, seleccionamos la diapositiva que queramos copiar.

◆ A continuación, clic con el botón derecho en la diapositiva seleccionada.

◆ Elegimos *Copiar* en el menú d contexto.

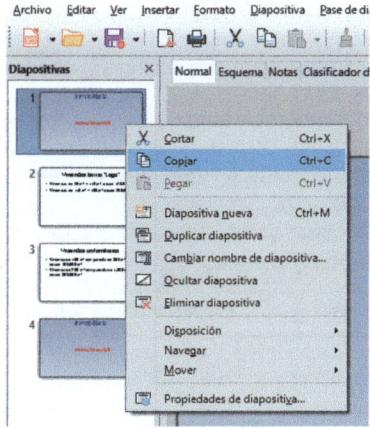

Menú contextual/Copiar

◆ En el lugar de destino, clic con el botón derecho en la posición en que queremos colocar la diapositiva y elegimos la opción **Pegar**.

*Las opciones de copiar, cortar y pegar también las podemos seleccionar a través del menú de **Editar** o en la barra de herramientas estándar.*

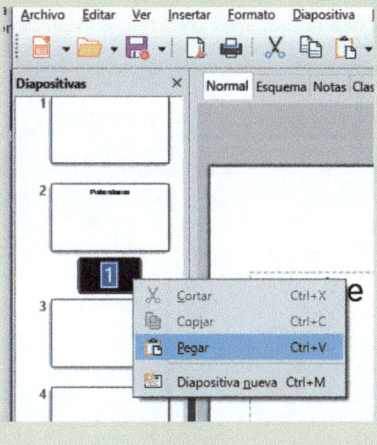

Menú contextual/Pegar

6.2. Ocultar una diapositiva

- Se selecciona la diapositiva o diapositivas a ocultar.

- Clic en el botón derecho del ratón.

- En el menú contextual elegir **Ocultar diapositiva**.

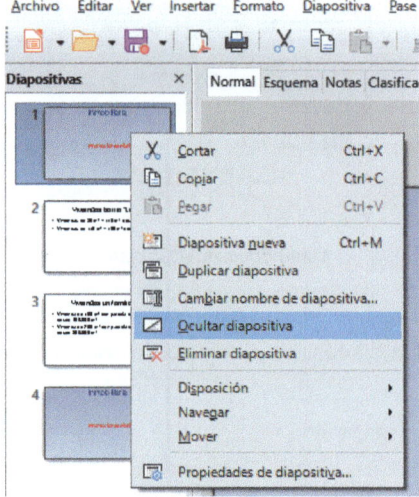

Menú contextual/Ocultar diapositiva

El icono de diapositiva oculta aparecerá con un rayado en diagonal a lo largo de la diapositiva:

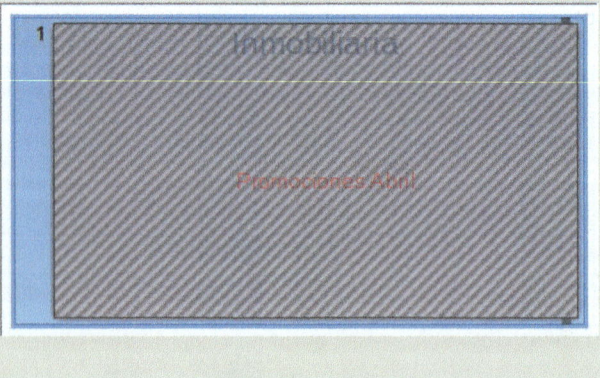

Diapositiva oculta

6.3. Mostrar una diapositiva oculta

→ Clic con el botón derecho del ratón sobre la diapositiva que se quiere volver a mostrar.

→ En el menú contextual elegir **Mostrar diapositiva**.

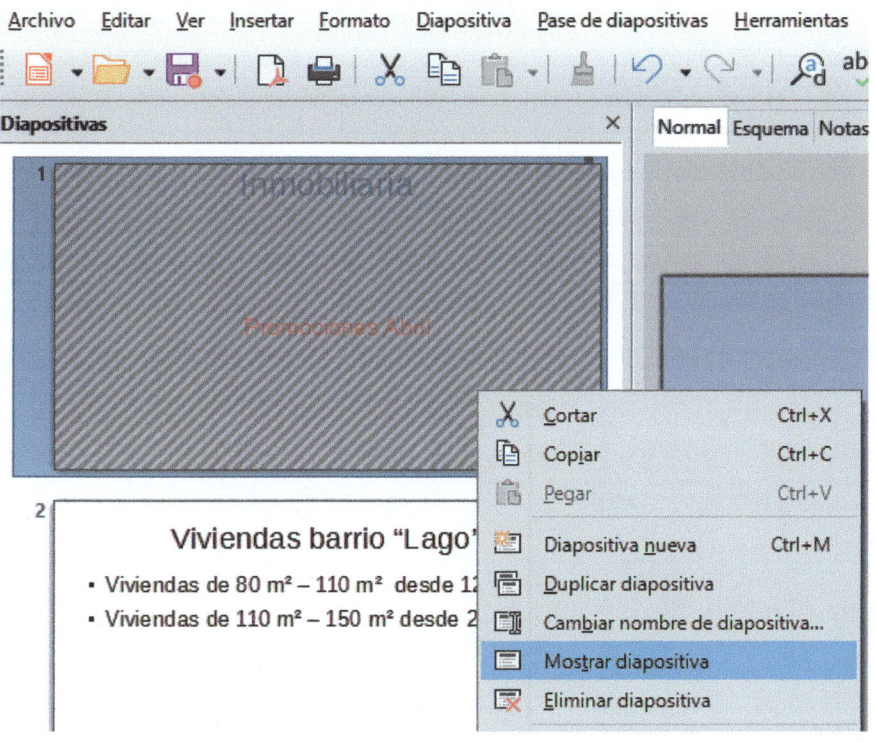

Menú contextual/Mostrar diapositiva

Resumen

En esta unidad:

- Hemos demostrado cómo trabajar con diapositivas: copiar, mover, insertar…

- Hemos aprendido cómo ocultar diapositivas para que no aparezcan en la presentación.

- Hemos desarrollado cómo aprovechar otras presentaciones para la creación de una nueva.

UNIDAD DIDÁCTICA 4

Trabajo con objetos

Objetivos

☑ Ser capaz de seleccionar, desplazar, eliminar, modificar y duplicar objetos.

☑ Adquirir habilidades para dar un aspecto profesional al texto, modificarlo y formatearlo.

☑ Aplicar técnicas avanzadas de Impress respecto a objetos especiales como pueden ser los archivos de audio y vídeo.

Contenido

Introducción

Resumen

Introducción

En esta unidad nos centraremos en los objetos que podemos colocar en una diapositiva.

Impress dispone de una amplia variedad de objetos para que nos resulte más sencillo comunicar de forma efectiva nuestras ideas mediante una presentación de diapositivas.

La lista de componentes es amplia y variada, capaz de adaptarse a cualquier proyecto: cuadros de texto, formas, imágenes, Fontwork, objetos multimedia (películas, sonidos), gráficos, diagramas, tablas, etc. Así que, manos a la obra.

1. Insertar una forma

Insertar una forma en una diapositiva consiste en añadir a la diapositiva actual uno de los dibujos que Impress ofrece como elementos disponibles para colocar en la misma.

El proceso es similar en todos los casos:

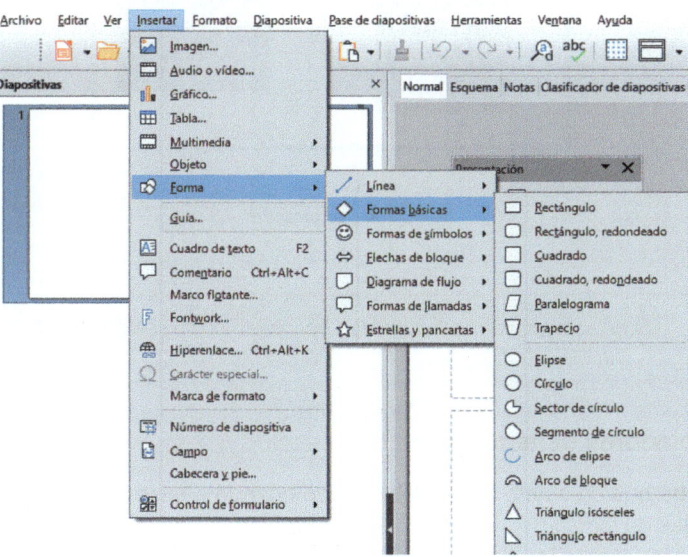

Menú Insertar/Forma/Formas básicas

2. Selección de objetos

Para seleccionar un objeto o una forma se **hace clic directamente** con el ratón sobre él.

Para seguir seleccionando más objetos, se hace clic con el ratón sobre los objetos mientras se mantiene pulsada la tecla **Mayús**.

Otra posibilidad es crear una **selección por arrastre**. Para ello pulsamos en un lugar vacío de la diapositiva con el botón izquierdo del ratón y arrastramos, se dibujará un rectángulo semitransparente azulado. Cuando el rectángulo cubra los elementos que se quieren seleccionar se suelta el botón del ratón, el rectángulo desaparece y los objetos aparecen seleccionados.

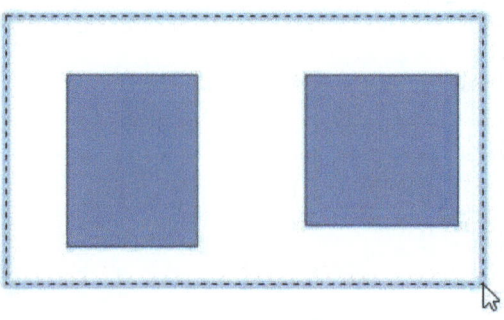

Selección por arrastre

 Si no seleccionamos la totalidad del objeto no se seleccionarán.

• Controladores de tamaño

Se sabe que un objeto está seleccionado cuando aparecen a su alrededor los controladores de tamaño.

Los controladores de tamaño son ocho y tienen forma de cuadrado.

Su función es controlar el tamaño de la forma. Si ponemos el ratón encima de cualquiera de los controladores, nos aparece una fecha de doble punta y podemos arrastrar para cambiar el tamaño.

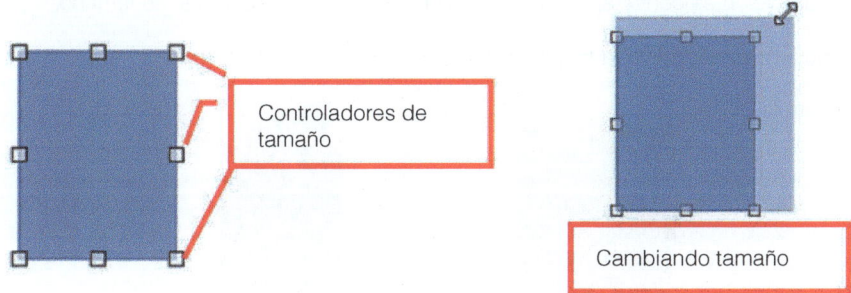

Controladores de tamaño

- ## Controladores de giro

Si una vez seleccionado el objeto pulsamos de nuevo encima del él, nos aparece el controlador de giro, que son los círculos de las esquinas.

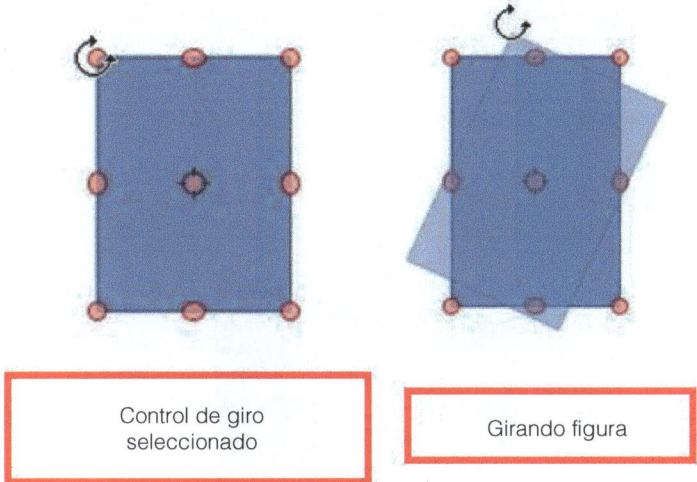

Control de giro

- ## Controladores de ajuste

Los controladores de ajuste son los círculos de los puntos medios de los lados que, al desplazar el ratón encima de ellos, aparecen dos flechas, una hacia arriba y otra hacia abajo.

Su función es controlar el aspecto de la forma, pero sin cambiar su tamaño.

Su funcionalidad varía según la forma.

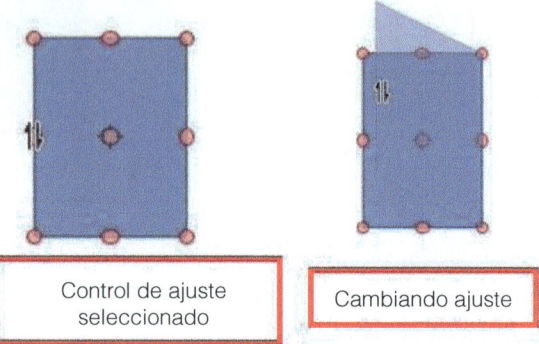

| Control de ajuste seleccionado | Cambiando ajuste |

Control de ajuste

3. Desplazamiento de objetos

Para **mover** un objeto y, en general, para realizar cualquier operación con un objeto:

- Seleccionamos el objeto.

- Cuando se nos muestre la flecha con las cuatro puntas, lo desplazamos, sin soltar el botón izquierdo del ratón, a la posición deseada.

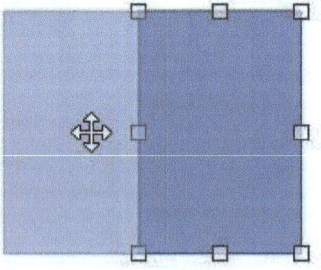

Desplazamiento de un objeto

Otra opción para desplazar un objeto es empleando las teclas de dirección del teclado.

4. Eliminación de objetos

Para **eliminar** un objeto u objetos seleccionados pulsamos la tecla **Suprimir** o **Retroceso:**

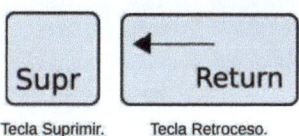

Tecla Suprimir.   Tecla Retroceso.

Teclas de Suprimir y de Retroceso

5. Modificación del tamaño de los objetos

Para cambiar el tamaño de un objeto podemos hacerlo de dos formas:

Utilizando el ratón:

* Acercar el ratón al controlador de tamaño situado en el lateral cuyo tamaño se quiere cambiar.

* Cuando el puntero toma la forma de una doble flecha, pinchamos y arrastramos hasta que el objeto tenga el tamaño deseado.

* Soltamos el botón izquierdo del ratón.

Si mantenemos pulsada la tecla Mayús mientras se arrastra desde uno de los controles de tamaño situados en las esquinas, el cambio de tamaño se realizará proporcionalmente al original, sin deformar el objeto.

A través de las opciones de menú:

→ Hacemos clic con el botón derecho del ratón encima del objeto y seleccionamos *Posición y tamaño*.

→ En el cuadro de diálogo que se muestra, hacemos clic en la opción **Posición y tamaño.**

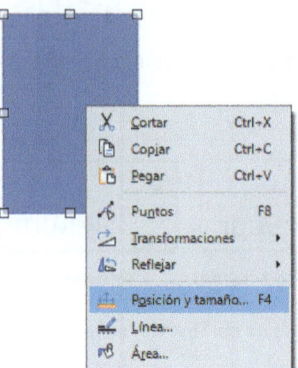

Menú contextual/Posición y tamaño

→ En el cuadro de diálogo que se muestra, hacemos clic en la ficha **Posición y tamaño.**

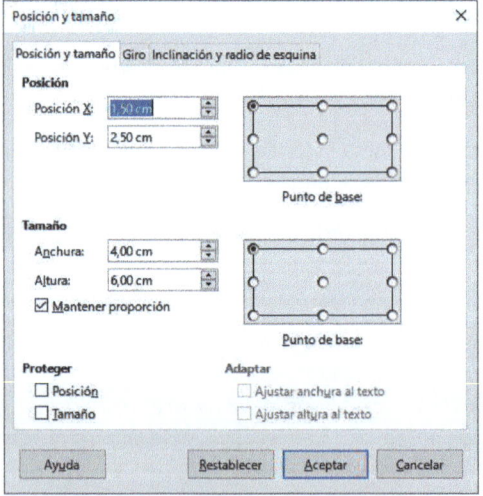

Cuadro de diálogo Posición y tamaño

→ En la sección **Tamaño** especificamos el ancho y alto del objeto.

→ Si queremos mantener las proporciones del objeto tenemos que activar la casilla **Mantener proporción**.

→   En *Punto base* indicamos el punto que se utilizará para establecer a partir de él el nuevo tamaño.

La tecla de función F4 nos muestra directamente el cuadro de diálogo **Posición y tamaño**.

6. Copiar objetos

Para copiar un objeto que se encuentra seleccionado:

- Copiar mediante uno de estos procedimientos:

    ◆ Clic con el botón derecho del ratón sobre el objeto y, en el menú, escoger la opción **Copiar**.

    ◆ Botón **Copiar**, situado en la barra de herramientas **Estándar**.

    ◆ Combinación de teclas Ctrl + C.

- Situamos el cursor en el lugar de destino del objeto copiado.

- Pegar el objeto utilizando uno de los siguientes procedimientos:

    ◆ Clic con el botón derecho del ratón sobre el objeto y, en el menú, escoger la opción **Pegar**.

    ◆ Botón **Copiar**, situado en la barra de herramientas **Estándar**.

    ◆ Combinación de teclas Ctrl + V.

7. Duplicación de objetos

Duplicar un objeto es una forma rápida de copiar el objeto seleccionado.

Para hacerlo:

◆ Colocamos el puntero sobre el objeto seleccionado (el puntero tomará la forma de una flecha de cuatro puntas).

◆ Arrastramos hasta la posición deseada el objeto, con el botón izquierdo del ratón manteniendo pulsada la tecla Ctrl.

◆ Al soltar el botón del ratón y la tecla Ctrl (por ese orden), aparecerá un duplicado del objeto original.

8. Formato y propiedades de un objeto

No solo es importante insertar objetos, también hay que tener en cuenta que los objetos tienen diferentes propiedades que pueden configurarse para adaptarlos mejor al objetivo que se persigue al insertarlos. Así es posible modificar el color de fondo y la línea de contorno.

Para cambiar el formato de un objeto se pueden utilizar las opciones disponibles en la barra de herramientas de dibujo, a través de las opciones del menú contextual o de la barra de menús.

9. Reubicación de objetos

El orden de apilamiento determina cómo se van a ordenar los objetos sobre la diapositiva.

Cada vez que se inserta un objeto en la diapositiva, este se sitúa automáticamente por encima de todos los objetos anteriores.

Para cambiar el orden de apilamiento de un objeto:

■ Seleccionamos el objeto.

■ Menú Formato/Organizar:

■ **Traer al frente (Ctrl + Mayús + +)**: sitúa el objeto sobre todos los demás.

■ **Traer adelante (Ctrl + +):** sitúa el objeto una posición más adelantada en la pila de objetos.

■ **Enviar atrás (Ctrl + -):** sitúa el objeto al fondo de la pila de objetos.

■ **Enviar al fondo (Ctrl + Mayús + -):** sitúa el objeto detrás de todos los demás.

■ **Delante del objeto**: sitúa el objeto delante de otro objeto seleccionado.

■ **Detrás del objeto**: sitúa el objeto detrás de otro objeto seleccionado.

10. Alineación y distribución de objetos dentro de la diapositiva

Alinear objetos consiste en colocar todos los objetos seleccionados de forma que coincida uno de sus bordes.

Impress alinea unos objetos con otros alineando un lado, la parte central o el borde inferior o superior de varios objetos.

Para alinear los objetos podemos hacerlo de 2 formas:

A través del menú *Formato/Alinear objetos:*

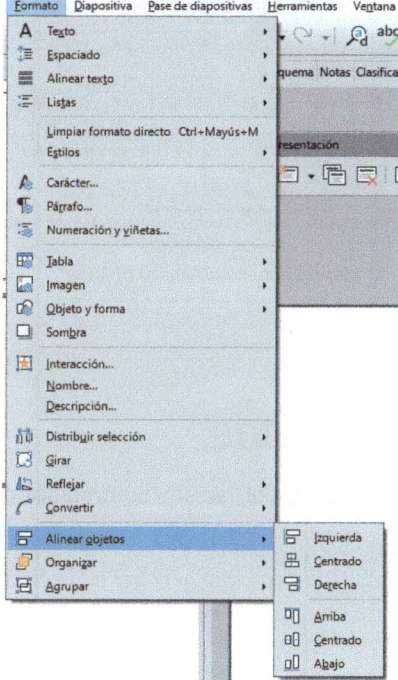

Formato/Alinear objetos

A través del menú contextual del objeto:

*   Hacemos clic con el botón derecho del ratón en el objeto y, en el menú contextual, seleccionamos la opción **_Alinear objetos_**.

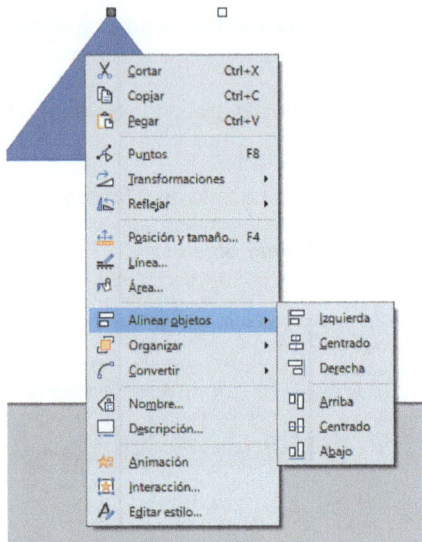

Menú contextual/Alinear objetos

11. Girar objetos

Para girar un objeto se dispone del llamado **controlador de giro**.

Si se hace clic en dicho controlador de giro con el ratón y arrastramos, el objeto girará libremente hasta la posición deseada. Al soltar el botón del ratón, quedará fijado en esa posición.

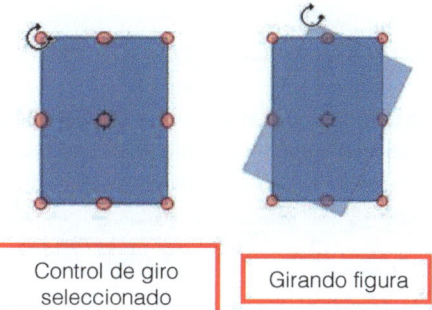

Control de giro seleccionado | Girando figura

Ejemplo de cómo girar un objeto

Manteniendo pulsada la tecla Mayús mientras arrastramos, el objeto gira únicamente en incrementos de 15°, sin permitir giros intermedios.

Si deseamos una mayor libertad para establecer el ángulo de giro o definir un ángulo de giro exacto podemos hacerlo de varias formas:

♦ Menú de Formato/Cuadro de texto y forma/Posición y tamaño.

♦ Botón derecho del ratón sobre el objeto que deseamos girar y, en el menú contextual, seleccionar Posición y tamaño.

♦ Tecla de función F4.

Cuadro de diálogo Posición y tamaño

12. Voltear objetos

En el menú **Formato** disponemos también de la opción **Reflejar**, que nos permite voltear el objeto como si se reflejara en un espejo, bien en horizontal o vertical.

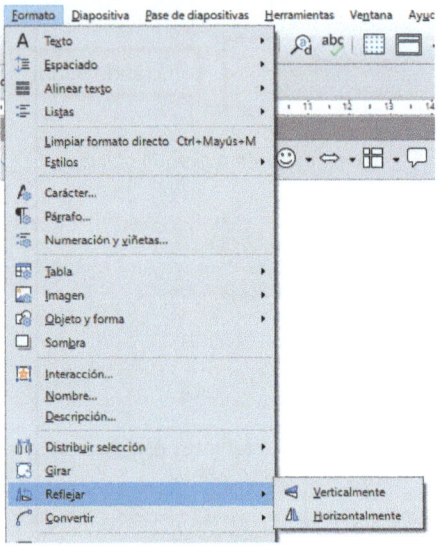

Formato/Reflejar

*También podemos acceder a la opción **Reflejar** utilizando el menú contextual.*

13. Agrupar, desagrupar y reagrupar objetos

Cuando se trabaja con muchos objetos en la misma diapositiva es útil y práctico fijar los objetos que ya no se tienen que modificar y tocar.

En otras ocasiones se necesita agrupar objetos de forma que los cambios afecten a todo el conjunto por igual al moverlos, copiarlos, cambiar su formato….

Esta función se denomina *Agrupar* y se encuentra disponible en el menú *Formato* o a través del menú contextual.

Agrupar objetos:

→   Para **agrupar** unos objetos seguimos una de las siguientes opciones:

→   Seleccionar todos los objetos que deseamos agrupar y hacer clic en el menú *Formato/Agrupar*.

→   Seleccionar todos los objetos que deseamos agrupar y hacer clic con el botón derecho del ratón.

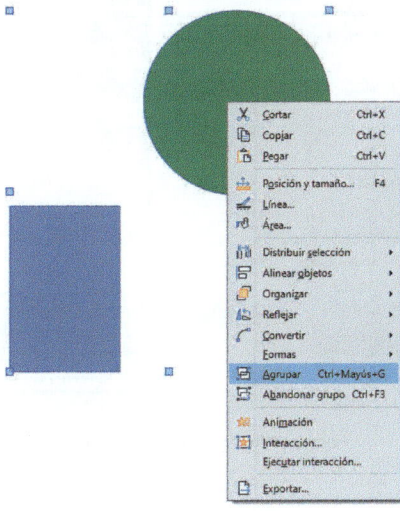

Menú contextual/Agrupar

Una vez agrupados los objetos, al seleccionar uno de ellos quedan todos seleccionados.

Desagrupar objetos:

● Para desagrupar los objetos podemos seguir una de las siguientes opciones:

● Clic encima de uno de los objetos agrupados y menú **Formato/Agrupar/Desagrupar**.

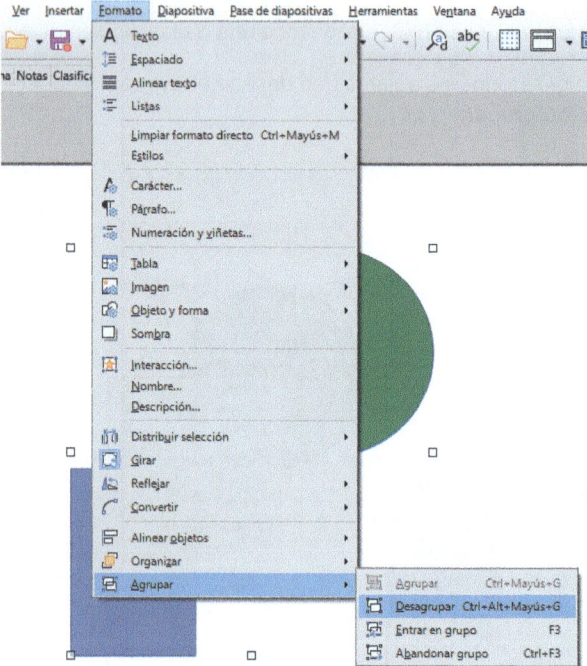

Formato/Agrupar/Desagrupar

No es necesario desagrupar los objetos para trabajar con ellos de forma individual. Para ello debemos seguir los siguientes pasos:

◆ *Clicamos en cualquiera de los objetos agrupados.*

♦ *En el menú* **Formato***, hacemos clic en* **Agrupar** *y seleccionamos la opción* **Entrar en grupo.**

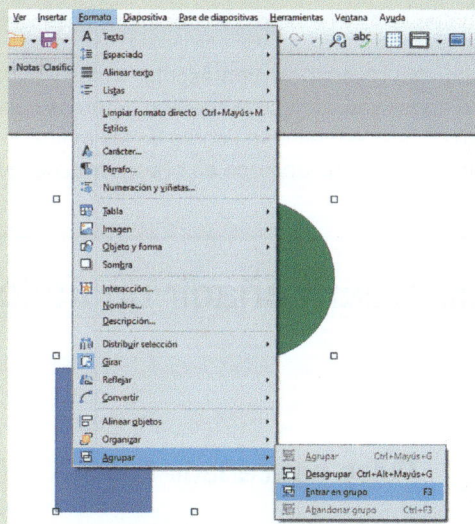

Formato/Agrupar/Entrar en grupo

Ahora podremos seleccionar de forma individual cada uno de los objetos que conforman el grupo.

Y para volver otra vez a tratar los objetos como un grupo realizamos los siguientes pasos:

♦ *Seleccionamos uno de los objetos del grupo.*

♦ *En el menú de Formato, hacemos clic en* **Agrupar** *y seleccionamos la opción* **Abandonar grupo***.*

También podemos utilizar el menú contextual.

14. Trabajo con textos

14.1. Marcadores de posición

Los diseños predeterminados de diapositiva que ofrece el programa contienen marcadores de posición de texto y de objeto en combinaciones variadas.

Estos marcadores están diseñados para escribir títulos y subtítulos, así como el texto principal de las diapositivas. Con su contenido, Impress construye el esquema de la presentación. Solo aparecerá en él lo escrito en los marcadores de posición. El contenido de los cuadros de texto no aparece en el esquema de la presentación.

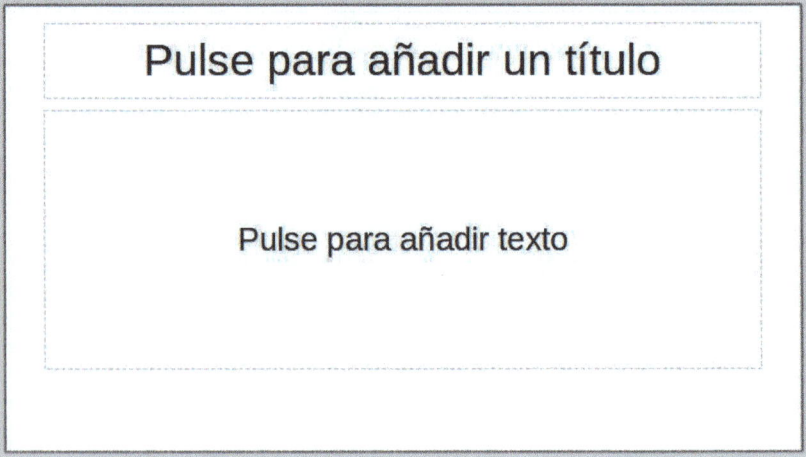

Pulse para añadir un título

Pulse para añadir texto

Marcadores

14.2. Agregar texto a una forma

La mayoría de las formas (rectángulos, elipses, globos de llamada, flechas de bloque…) pueden contener texto.

Al escribirse texto en una forma, este se une a la forma, por lo que se mueve y gira junto con ella.

Para agregar texto como parte de una forma hay que hacer un doble clic con el botón izquierdo del ratón encima de la autoforma y, a continuación, escribir o pegar el texto en ella.

14.3. Cuadro de texto

Un cuadro de texto es un objeto que permite insertar texto en cualquier parte de una diapositiva.

En un mismo cuadro se pueden insertar varias líneas de texto, viñetas o esquemas numerados. Pero también se puede optar por utilizar un cuadro de texto diferente para cada cosa.

Además, podemos cambiar el aspecto del texto, del contenedor o del propio cuadro de texto.

● Clic en la opción Cuadro de texto, de una de las siguientes formas:

● Menú Insertar/Cuadro de texto.

Insertar/Cuadro de texto

● Botón **Cuadro de texto** de la barra de herramientas estándar.

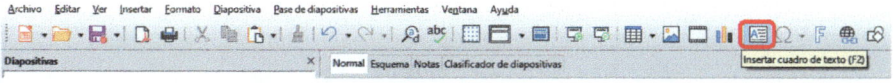

Botón Cuadro de texto

- Pulsar la tecla de función F2.

- Una vez seleccionada la opción, el puntero toma la forma de cruz (igual que al insertar formas) para indicar que estamos en el modo insertar objeto.

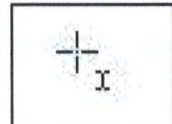

Puntero en forma de cruz

- Situamos el cursor en el punto de la diapositiva donde queremos escribir.

- Pinchamos y arrastramos para dibujar el cuadro en la posición y con el tamaño deseado.

Cuadro de texto

14.4. Inserción de texto (desde el esquema de la presentación)

Aparte de utilizar las formas y los cuadros de texto para insertar texto en las diapositivas, recordemos que también podemos hacerlo utilizando los marcadores de posición de texto. En este caso, la vista esquema sería la recomendable para introducir el texto en los marcadores.

◆ *Vamos a añadir un texto a través de la vista esquema. Para ello, lo primero es cambiar a la vista* **Esquema** *desde* **Ver/Esquema**.

◆ *Se nos muestra en pequeño un rectángulo, que representa a la diapositiva, con el número en la parte izquierda, hacemos clic en la parte derecha y escribimos* **Inserción de texto**.

◆ *Creamos una nueva diapositiva pulsando Intro.*

◆ *Insertamos el título y, dentro de la misma dispositiva, un texto con viñetas. Para ello, después de insertar el título, pulsamos Intro y, a continuación, la tecla Tabulador. Aparece el dibujo de la viñeta, insertamos el texto y pulsamos Intro.*

14.5. Modificación del formato del texto

Para realizar cambios en el formato de un texto, lo primero es seleccionar el texto que se quiere modificar. Da igual que esté en la vista de diapositivas o en la vista esquema, el resultado es efectivo en ambos casos.

Existen varias maneras de seleccionar texto, la más rápida y sencilla es pinchando y arrastrando con el ratón sobre el texto que se quiere seleccionar.

Modificando texto
• Para modifcar texto lo primero es seleccionarlo

Texto seleccionado

Modificar_Texto_Seleccion.png

Una vez seleccionado el texto, accedemos a las opciones de formato de fuente, que se muestran en la barra de herramientas de **Formato de texto**:

Formato de texto

Otra opción para aplicar el formato es a través del cuadro de diálogo Carácter, al que podemos acceder a través del menú Formato/Carácter o a través del menú contextual.

Cuadro de diálogo Carácter

14.6. Formato de párrafos

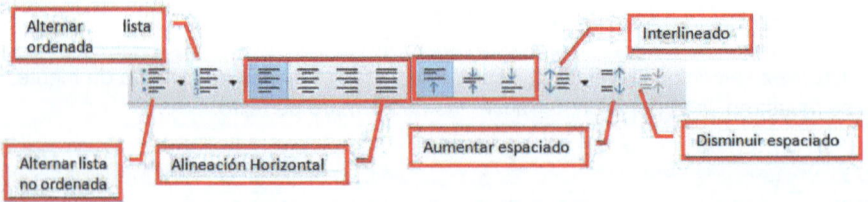

Formato de párrafos

El formato de párrafo afecta al párrafo completo en que se encuentra el cursor en el momento de aplicarlo, exista o no selección.

*Otra opción para aplicar el formato es a través del cuadro de diálogo **Párrafo**, al cual podemos acceder a través del menú **Formato/Párrafo** o a través del menú contextual.*

Párrafo	✕

Sangrías y espaciado   Tabuladores   Alineación

Sangría

Antes del texto: 0,00 cm

Después del texto: 0,00 cm

Primer renglón: 0,00 cm

☐ Automático

Espaciado

Sobre el párrafo: 0,50 cm

Bajo el párrafo: 0,00 cm

☐ No añadir espacio entre párrafos del mismo estilo

Interlineado

Sencillo   ∨   de   .

Ayuda   Restablecer   Aceptar   Cancelar

Cuadro de diálogo Párrafo

14.7. Alineación

Impress ofrece distintas formas de alineación respecto del espacio reservado para el párrafo respecto de su contenedor.

■ Alineación horizontal:

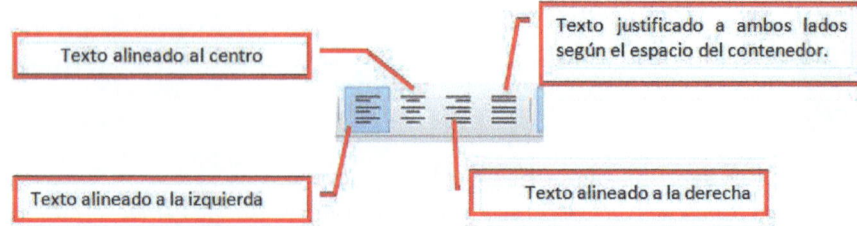

Alineación izquierda, centrada, derecha y justificada

■ Alineación vertical:

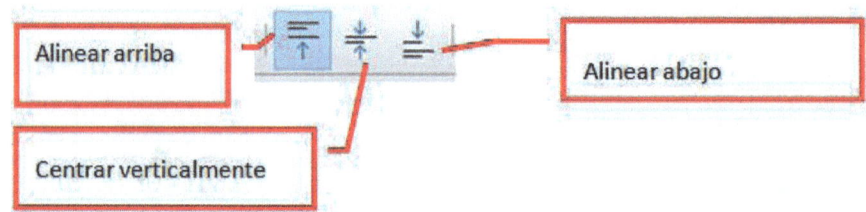

Alinear arriba, centrar verticalmente y alinear abajo

14.8. Listas numeradas

*Para introducir una lista ordenada utilizando el botón **Alternar lista ordenada** la barra de herramientas:*

◆ *Nos colocamos en el marcador de posición para añadir el texto.*

◆ *Pulsamos en el botón **Alternar lista ordenada** de la barra de herramientas de **Formato de texto**.*

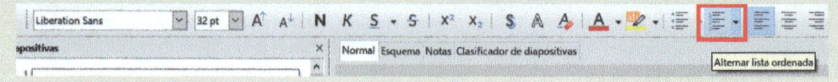

◆ *Escribimos el texto y, al finalizar, pulsamos la tecla Intro para observar cómo la numeración va correlativa.*

*Para dejar de utilizar la numeración volvemos a pulsar el botón **Alternar lista ordenada** de la barra de herramientas estándar.*

14.9. Viñetas

El funcionamiento de las viñetas es el mismo que el visto en la numeración, solo que en este caso se muestra un dibujo en lugar de un número.

Al desplegar la lista del botón **Alternar lista no ordenada** de la barra de herramientas podemos seleccionar el tipo de dibujo para nuestra viñeta.

Viñetas

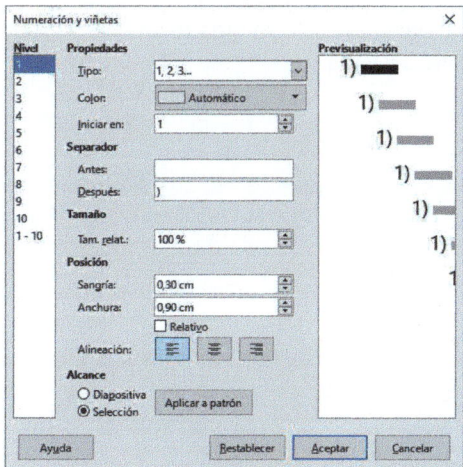

Más viñetas

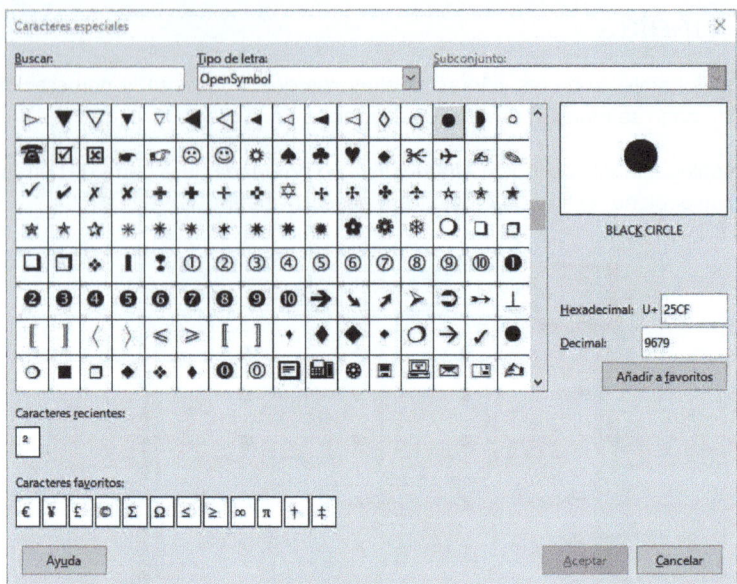

Caracteres especiales

14.10.   Estilos

14.10.1.   Aplicar estilos ya creados

Para aplicar a una forma un estilo ya creado en una presentación con un objeto insertado y la barra lateral activada:

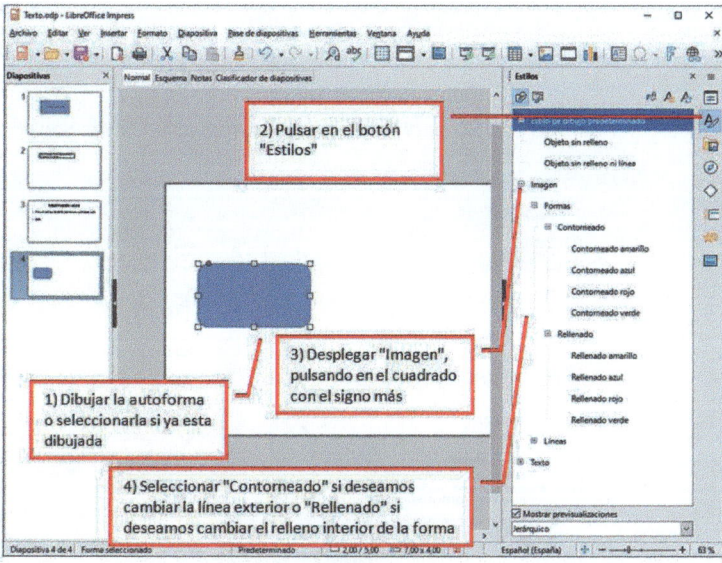

Aplicar un estilo

14.10.2.   Modificar estilos

Podemos modificar los estilos para ajustarlos a nuestras necesidades. Para ello debemos de seguir los siguientes pasos:

→   En la barra lateral, hacemos clic con el botón derecho del ratón encima del estilo que deseamos modificar y pulsamos en **Modificar**.

→   Se muestra el cuadro de diálogo **Estilos gráficos**.

→   Modificamos el estilo.

→   Aplicamos el estilo modificado.

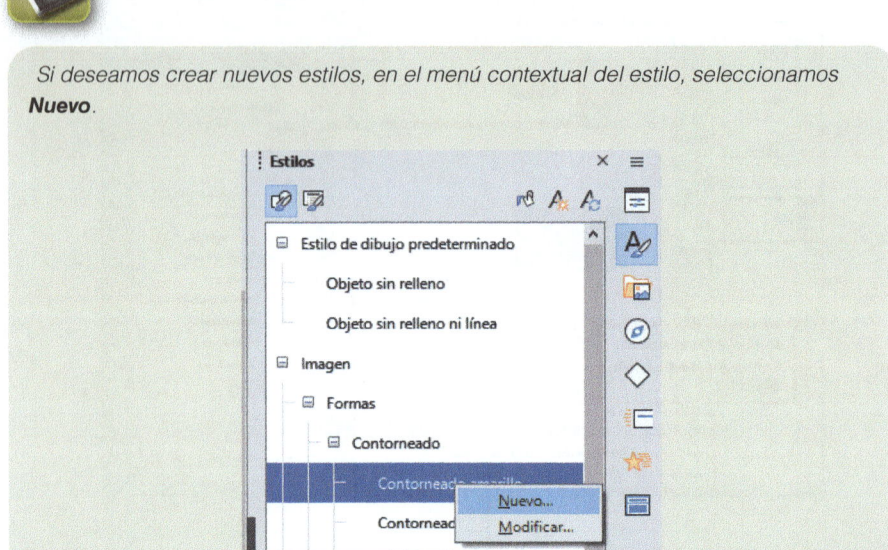

Si deseamos crear nuevos estilos, en el menú contextual del estilo, seleccionamos **Nuevo**.

Crear nuevo estilo

15. Tablas

15.1. Creación de tablas

Las tablas son un conjunto de celdas organizadas en filas y columnas, que pueden contener texto y gráficos y que permiten presentar información de forma organizada.

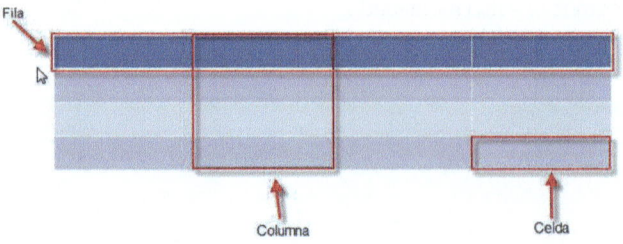

Ejemplo de tabla

Impress permite la creación de tablas de tres formas sencillas:

◆ A través del botón **Tabla** de la barra de herramientas estándar:

Nos aparece una cuadrícula, para indicar a Impress el número de columnas y filas de la tabla arrastramos el ratón por ella.

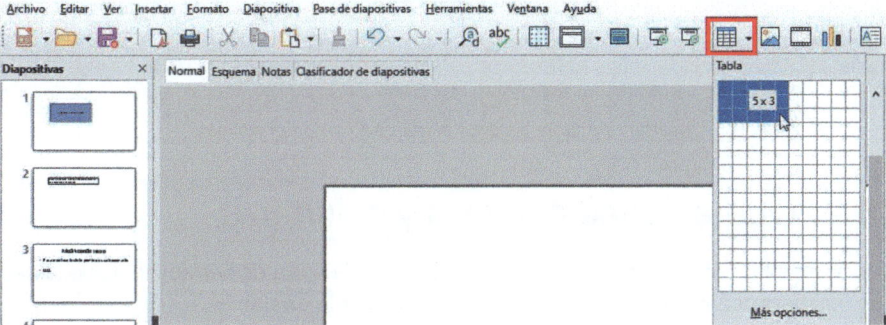

Crear tabla desde la barra de herramientas

◆ A través de la opción **Tabla** del menú **Insertar**:

Nos mostrará un cuadro de diálogo para indicar el número de columnas y filas de la tabla.

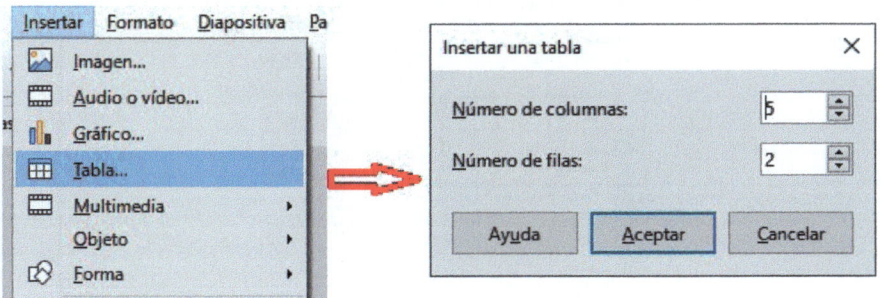

Insertar/Tabla

◆ A través del marcado para insertar objetos que aparecen en las diapositivas:

Insertar una tabla a través el marcado en diapositivas

15.2. Operaciones con filas y columnas

Al insertar una tabla en una diapositiva se activa la barra de herramientas de tabla, que nos permitirá insertar una nueva tabla o modificar la existente.

Barra de herramientas de tabla

También podremos acceder a las opciones para modificar la tabla a través del menú de **Formato/Tabla**.

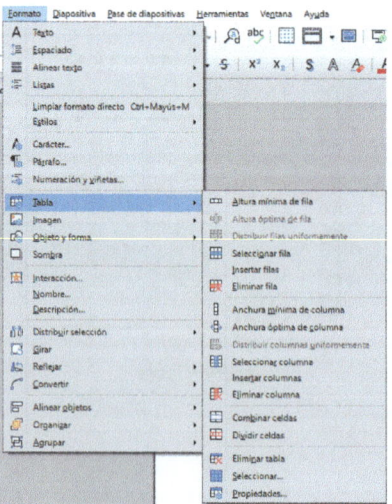

Formato/Tabla

15.3. Alineación horizontal y vertical de las celdas

Cuando trabajamos con texto a veces nos interesa alinear el texto tanto en sentido vertical como horizontal.

Para alinear el texto en sentido horizontal y vertical solo tenemos que seleccionar entre las diferentes opciones de alineación que tenemos en la barra de herramientas de formato de texto.

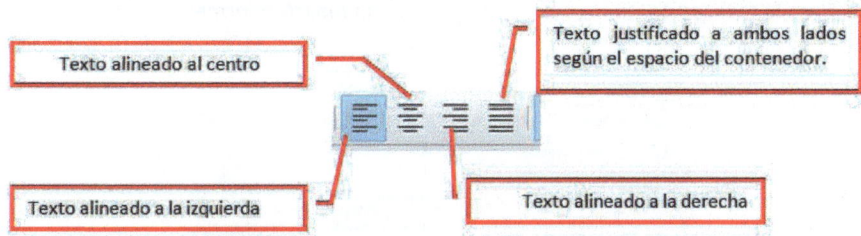

Alineación horizontal

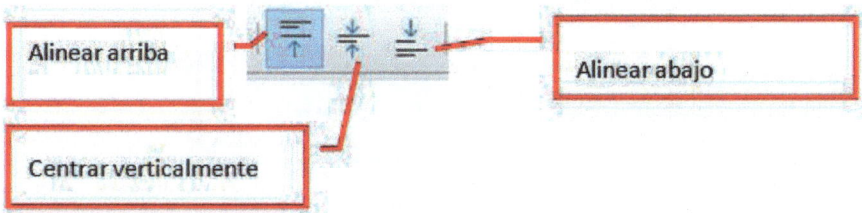

Alineación vertical

Para alinear en texto en sentido vertical también disponemos de los botones en la barra de herramientas de tabla.

16. Dibujos

16.1. Introducción

Impress ofrece la posibilidad de realizar multitud de dibujos y, posteriormente, tratarlos como un objeto gráfico con muchas posibilidades de cambios de formato.

Para la realización de un dibujo vamos a menú ***Insertar/Forma***:

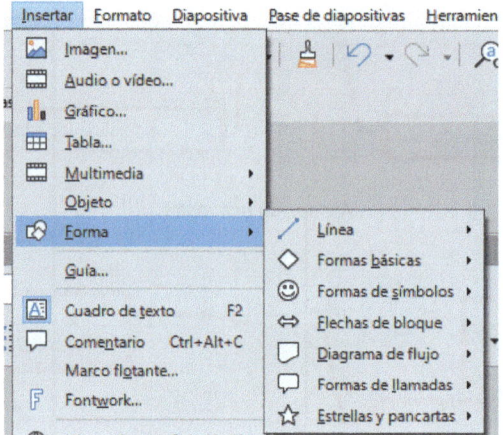

Insertar/Forma

- **Línea**:

    Podemos seleccionar entre dibujar líneas a mano alzadas, curvas con o sin relleno...

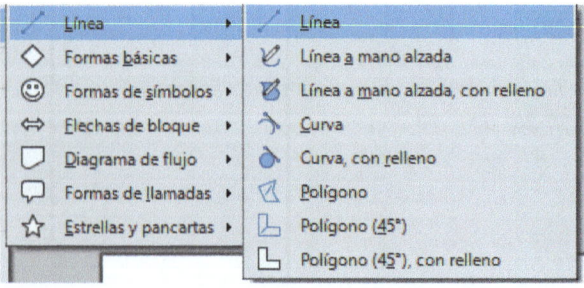

Línea

● **Formas básicas:**

Rectángulo, cuadrado, círculo...

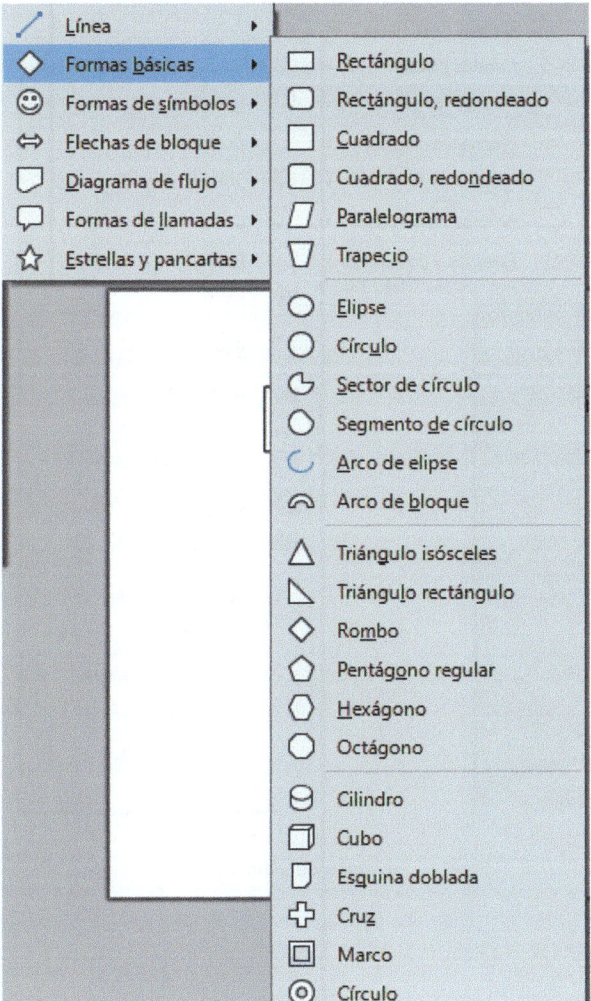

Formas básicas

● **Formas de símbolos**:

Aquí encontraremos formas de emoticonos, nube, rayo, paréntesis, etc.

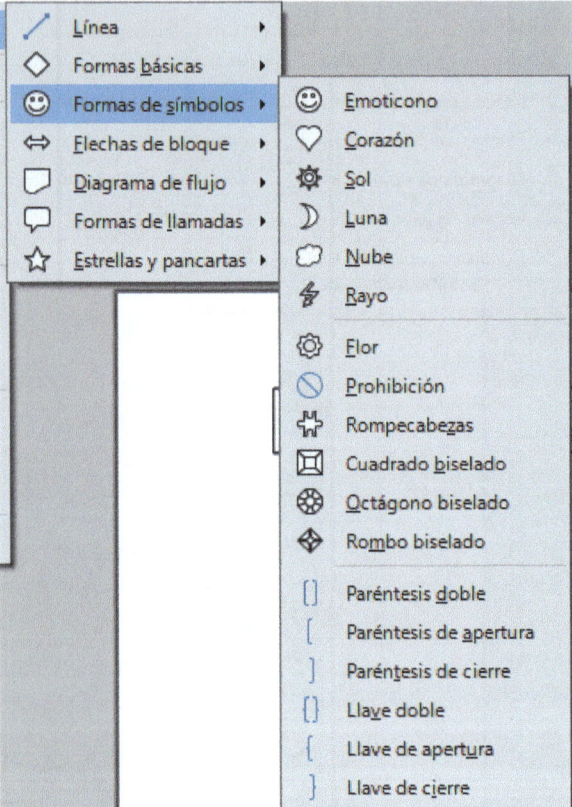

Formas de símbolo

● **Flechas de bloque:**

Distintos tipos de flecha: derecha, izquierda, arriba, abajo, etc.

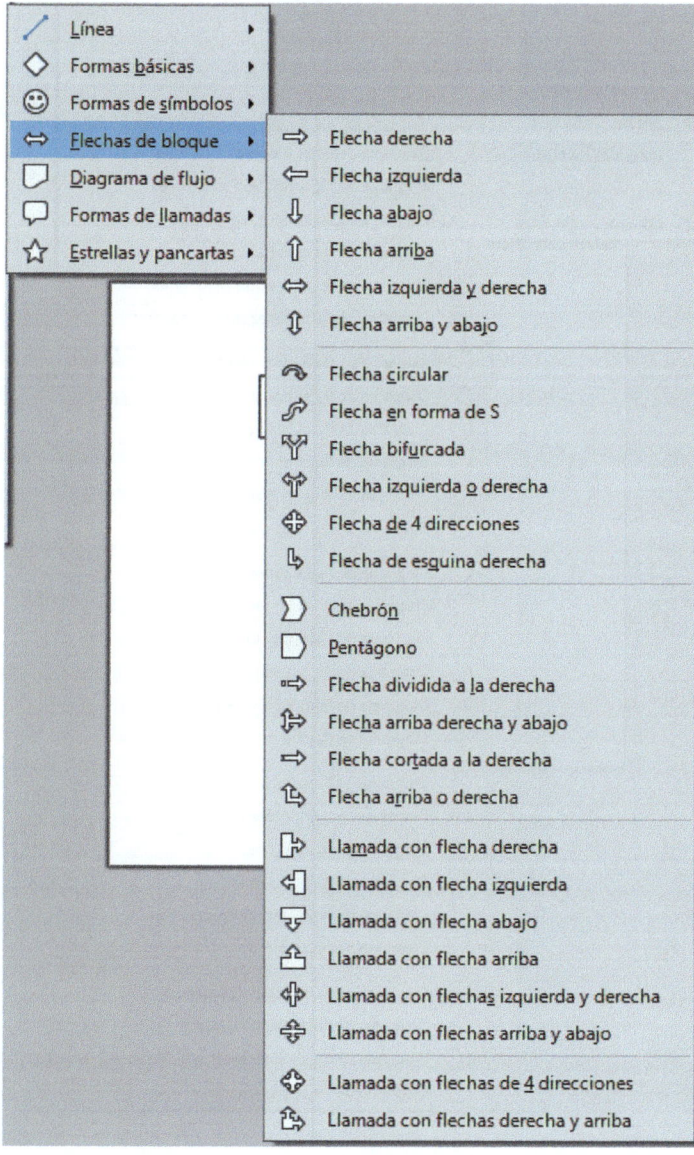

Flecha de bloque

● **Diagramas de flujo:**

Formas para crear diagramas manualmente.

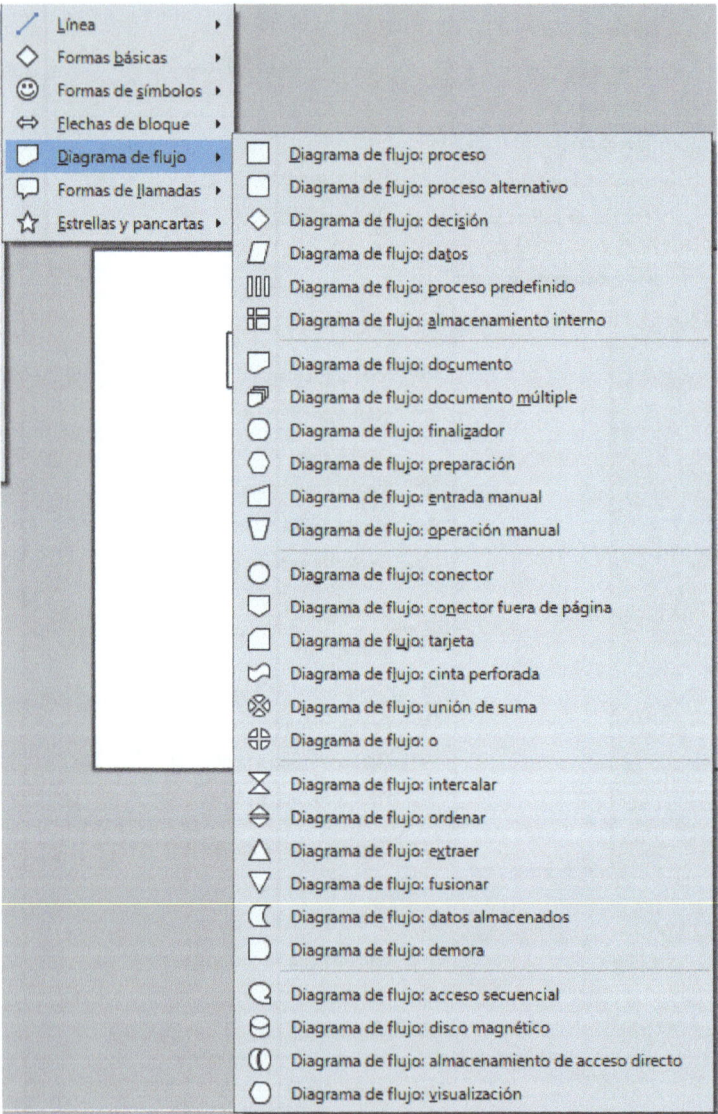

Diagramas de flujo

● **Formas de llamadas**:

Son los llamados "bocadillos".

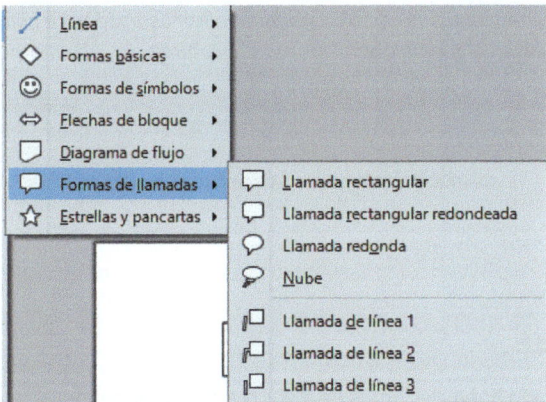

Formas de llamadas

● **Estrellas y pancartas:**

Estrellas con varias puntas, sello, explosión, etc.

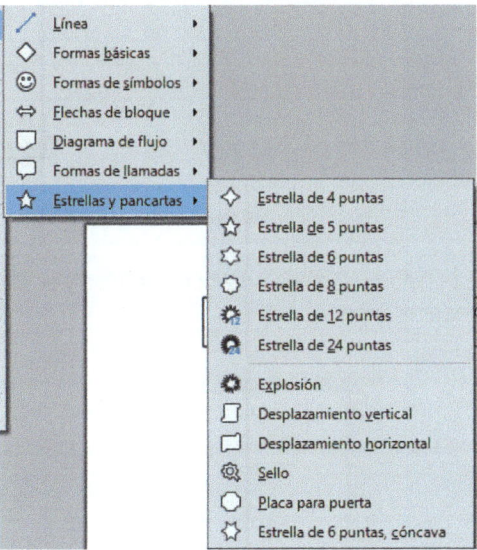

Estrellas y pancartas

En la barra de herramientas de dibujo también podemos acceder a estas formas y a alguna que no está en el menú, como son los conectores:

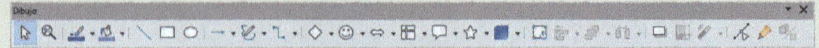

Ilustración 1. Barra de herramientas de dibujo

16.2. Líneas

Para dibujar una línea debemos seguir los siguientes pasos:

→   Seleccionar el tipo de línea que deseamos dibujar desde la barra de herramientas de dibujo.

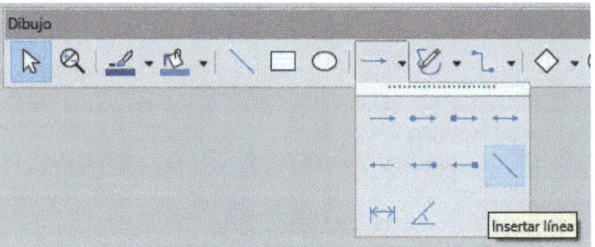

Barra de herramientas dibujo

→   El cursor se transforma en una cruz con una línea y se traslada al sitio donde vaya a empezar la línea.

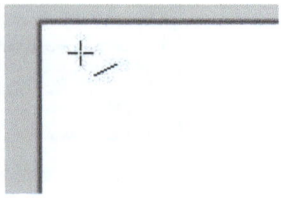

Cursor con forma de cruz con una línea

→ Arrastramos el ratón hasta tener el tamaño que deseamos de la línea.

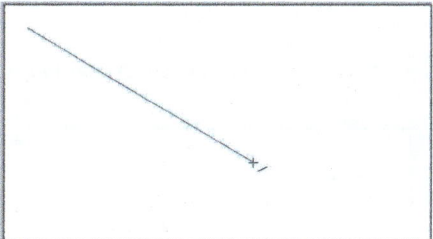

Dibujo de la línea

→ Y soltamos.

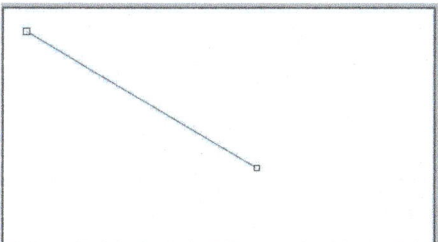

Línea definitiva

Si al arrastrar el ratón se mantiene pulsada la tecla Mayús, las líneas saldrán rectas y se podrán orientar cada 45°.

En el caso de que se quiera cambiar la línea respecto a su dirección hacemos lo siguiente:

♦ *Seleccionamos la línea:*

Selección de una línea

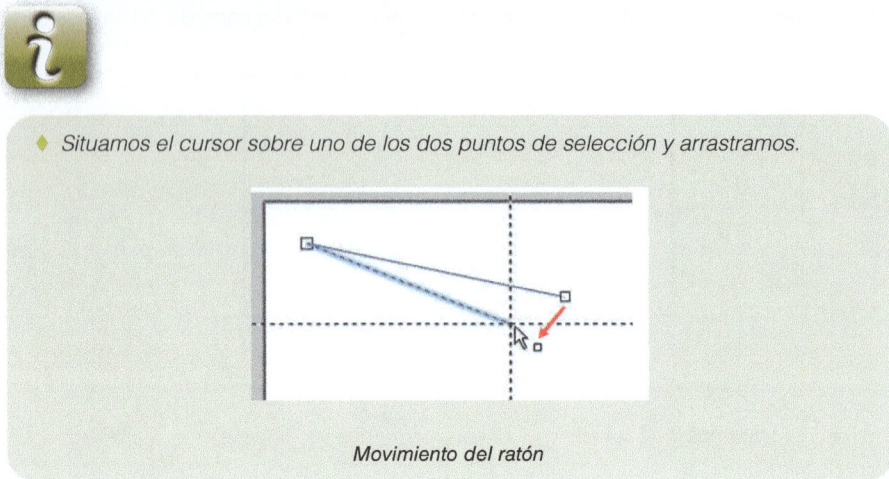

◆ *Situamos el cursor sobre uno de los dos puntos de selección y arrastramos.*

Movimiento del ratón

16.3. Rectángulos y cuadrados

◆ Seleccionamos el tipo de línea que deseamos dibujar desde la barra de herramientas de dibujo.

Barra de herramientas de dibujo

◆ El cursor se transforma:

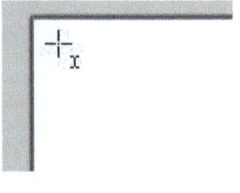

Cursor

◆ Arrastramos el ratón hasta tener el tamaño que deseamos del rectángulo.

Dibujo de un rectángulo

◆ Y soltamos.

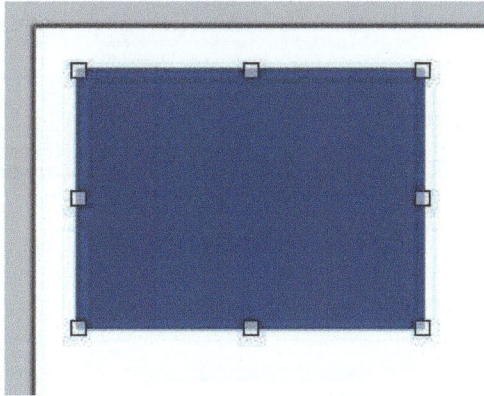

Rectángulo

Si al arrastrar el ratón se mantiene pulsada la tecla Mayús, lo que se dibuja son cuadrados.

En el caso de que se quiera cambiar el aspecto del rectángulo:

♦ *Se selecciona.*

♦ *Se sitúa el cursor sobre uno de los marcadores.*

♦ *Se arrastra.*

16.4. Círculos y elipses

Las elipses y los círculos son otras de las formas que se pueden crear desde la barra de herramientas de dibujo o desde el menú *Insertar/Forma/Formas básicas*.

Para dibujar una **elipse** debemos seguir los siguientes pasos:

■ Seleccionamos la elipse desde la barra de herramientas de dibujo.

Barra de herramientas de dibujo

■ El cursor se transforma:

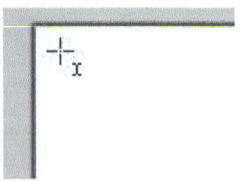

Cursor

■ Arrastramos el ratón hasta tener el tamaño que deseamos.

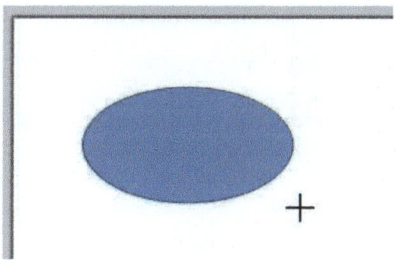

Elipse

Para dibujar un **círculo**, podemos hacerlo de dos formas:

→ Seleccionando la opción *Círculo* y siguiendo los pasos anteriores.

→ Insertando una elipse y manteniendo la tecla Mayús pulsada mientras arrastramos el ratón para dibujarla.

16.5. Autoformas

Impress dispone de otras autoformas para enriquecer nuestras presentaciones.

El proceso para insertar estas autoformas en nuestra presentación sigue los mismos pasos que para las formas vistas con anterioridad.

◆ Seleccionamos la autoforma que deseamos insertar desde la barra de herramientas de dibujo.

Barra de herramientas de dibujo

◆ El cursor se transforma:

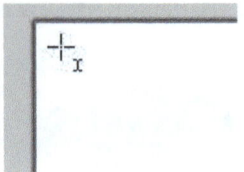

Cursor

◆ Arrastramos el ratón hasta tener el tamaño que deseamos de la autoforma y soltamos.

Autoforma

16.6. Sombras

Para aplicar una sombra a un objeto de 2 dimensiones, tenemos que seguir los siguientes pasos:

● Seleccionamos el objeto.

● Menú **Formato/Sombra** o pulsamos el botón **Sombra** en la barra de herra-mientas de dibujo.

Para personalizar la sombra:

→ Seleccionamos el objeto.

→ Botón derecho.

→ Opción Área.

→ Ficha Sombra.

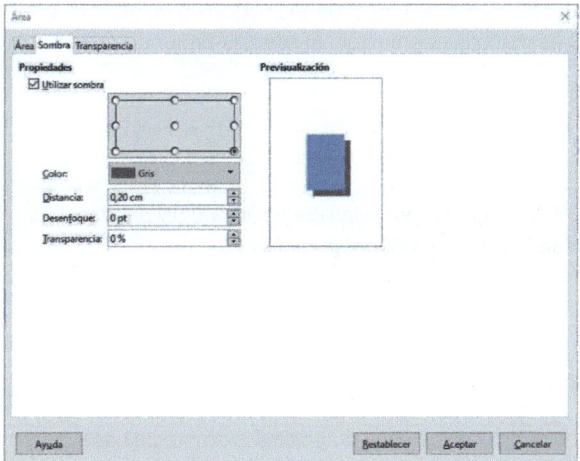

Cuadro de diálogo Área

16.7. 3D

Para crear un objeto 3D seguimos los siguientes pasos:

■ Dibujamos un objeto en 2 dimensiones.

■ En la barra de herramientas de Dibujo hacemos clic en el botón Alternar extrusión 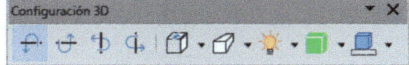 .

■ El objeto 2D se ha transformado en un objeto 3D y se activan los botones de la barra de herramientas de configuración 3D.

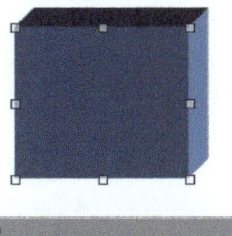

Configuración 3D

■ A través de la barra de herramientas podemos modificar ciertas características del objeto como la orientación, el nivel de profundidad, la perspectiva, etc.

*Si no se activa la barra de herramientas configuración 3D puedes activarla en el menú **Ver/Barra de herramientas/Configuración 3D**.*

16.8. Reglas y guías

Cuando se colocan objetos en la diapositiva siempre se hace de forma que queden alineados, centrados y separados proporcionalmente unos de otros.

Para ayudar a colocar los objetos en las diapositivas, Impress incluye varios elementos que podemos usar como ayuda:

* **Regla**:

Para activar la regla hacemos clic en el menú **Ver/Reglas**.

Se muestra una regla milimetrada en la parte superior y en el lado izquierdo de la diapositiva.

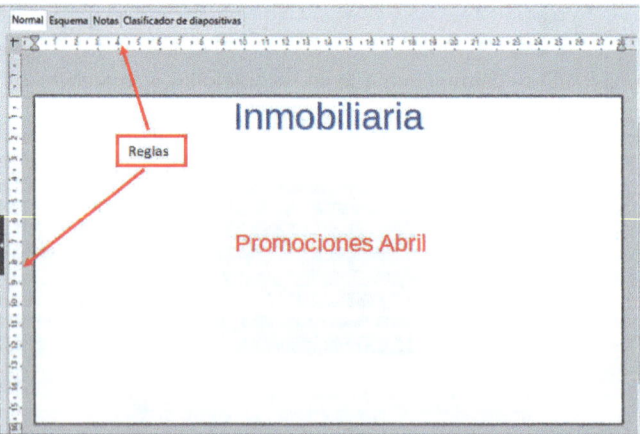

Reglas

✳ **Retícula:**

Para activar la retícula hacemos clic en el menú *Ver/Retícula y líneas guías/ Mostrar retícula.*

Nos muestra en pantalla una cuadrícula, muy útil para situar los objetos. Cada uno de los puntos representan una posición estática para los objetos.

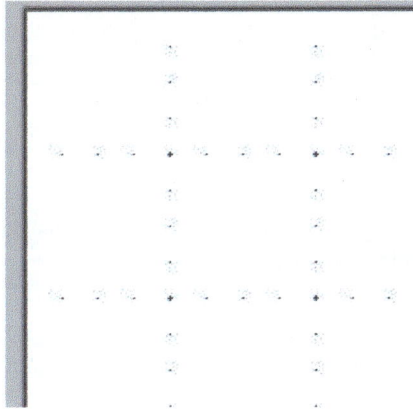

Ejemplo de retícula

*La retícula la podemos configurar en el menú **Herramientas/Opciones/LibreOffice Impress/Cuadrícula**.*

✳ **Líneas guías:**

Podemos activar las líneas guías para colocar los objetos en la diapositiva, sobre todo cuando deseamos ajustarlos a otros objetos ya insertados.

Para activar las líneas guías, hacemos clic en el menú de *Ver/Retícula y lí- neas guías/Líneas guía al mover.*

Al tener activadas las líneas guías, cuando seleccionemos una forma y la movamos dentro de la dispositiva se mostrarán las líneas guías, que nos servirán de ayuda para ubicar la forma en la posición que nos interese.

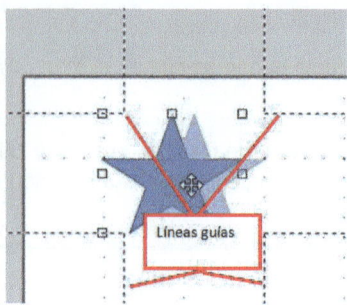

Ejemplo de líneas guías

✳ **Guías:**

Además de las reglas podemos crear unas líneas de apoyo horizontales y verticales a modo de guías.

Para activar las guías:

● Pulsamos sobre la regla con el ratón y arrastrando hasta la posición que precisemos.

● Una vez definidas, para activarlas o desactivarlas, hacemos clic en el menú ***Ver/Guías/Mostrar guías***.

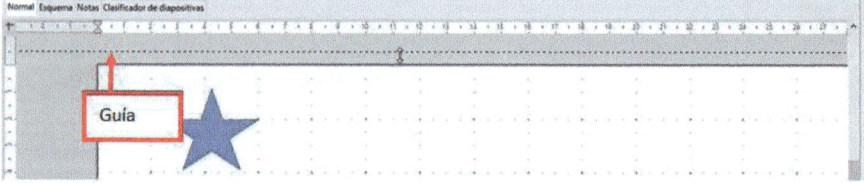

Ejemplo de guía

Para eliminar las guías de la pantalla podemos arrastrarlas hacia la regla.

17. Imágenes

17.1. Imágenes prediseñadas

Impress dispone de una galería con imágenes que podemos insertar en nuestras presentaciones.

La galería está organizada por temas para facilitar la localización de las imágenes.

Para acceder a las imágenes prediseñadas tenemos que acceder a través de la barra lateral, pulsando en el botón *Galería*.

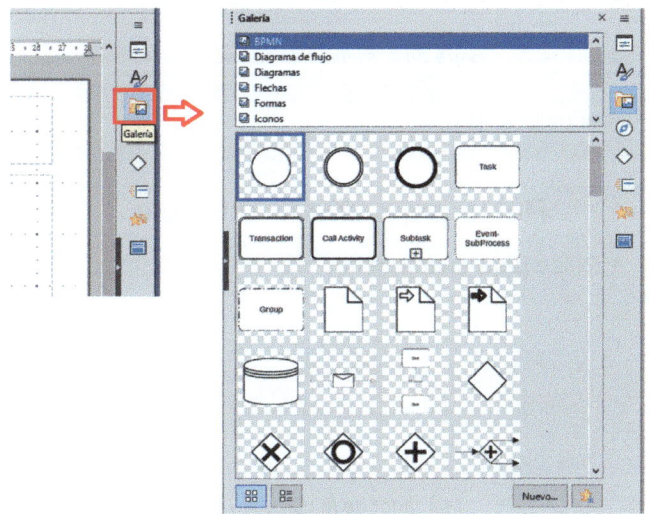

Galería

*Esta galería se puede ampliar a través de extensión pulsando en el botón **Añadir más galería vía extensiones.***

17.2. Imágenes insertadas

Teniendo las imágenes en un fichero podremos insertarlas de cualquiera de las siguientes formas:

■ Menú *Insertar/Imagen*.

■ Botón Insertar imagen de la barra de herramientas estándar.

Barra de herramientas estándar

■ Marcador de la diapositiva.

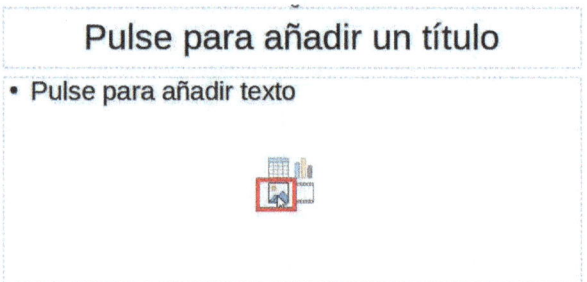

Marcador de la diapositiva

De cualquiera de las formas se nos mostrará el cuadro de diálogo *Insertar imagen* para indicar la ubicación de la imagen que deseamos insertar.

17.3. Álbum de fotografías

El álbum de fotografías de Impress es una manera rápida de insertar varias imágenes en una presentación y crear así un documento adecuado para mostrarse de modo ininterrumpido.

Una vez que las imágenes se incorporan al álbum existe la posibilidad de agregar títulos, modificar el orden y el diseño de la presentación, enmarcar las imágenes, etc.

Para insertar un álbum fotográfico seguiremos los siguientes pasos:

* Abrimos una presentación existente o creamos una nueva.

* Nos colocamos en la diapositiva anterior a la que comenzará el álbum foto-gráfico.

* Hacemos clic en el menú *Insertar/Multimedia/Álbum de fotografía*.

* En el cuadro de diálogo *Crear álbum fotográfico*, pulsamos en *Añadir* y lo-calizamos las imágenes que deseamos insertar.

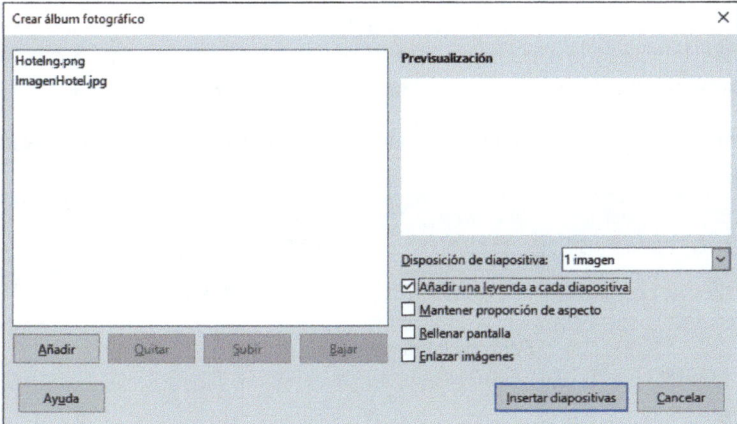

Cuadro de diálogo Crear álbum fotográfico

* Repetimos el proceso hasta completar las fotografías que van a formar el álbum.

* Para finalizar pulsamos el botón de *Insertar diapositivas*.

*Antes de terminar el álbum, se pueden editar las imágenes que se van a mostrar, de forma que se puede cambiar el orden de las mismas (**Subir** y **Bajar**), insertar texto (**Añadir una leyenda a cada diapositiva**), determinar el número de imágenes en cada diapositiva (**Disposición de diapositivas**), hacer que la imagen ocupe la totalidad de la pantalla de la presentación (**Rellenar pantalla**), mantener la proporción de las imágenes para evitar que se distorsiones (**Mantener proporción de aspecto**) o enlazar imágenes.*

El botón **Deshacer** no elimina el álbum, para eliminarlo debemos eliminar las diapositivas insertadas en la presentación al crear el álbum de fotografías.

17.4. Formato de imagen

Una vez que se ha insertado una imagen, Impress ofrece muchas opciones para modificarlas, tanto desde el punto de vista de aspecto (tamaño, bordes, sombras, rellenos...), como de la propia imagen (ajustes de brillo, contraste, colores...).

Podemos acceder a estas opciones a través de la barra de herramientas de imagen.

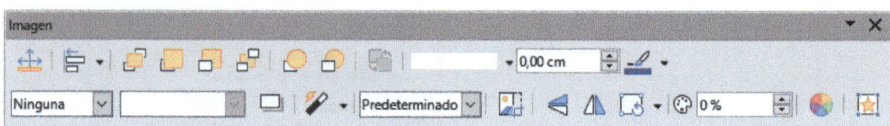

Barra de herramientas de imagen

18. Gráficos

18.1. Creación de gráficos

Impress permite crear diversos tipos de gráficos para ayudar a mostrar y organizar los datos de forma comprensible.

Para crear los gráficos podemos hacerlo de varias formas:

→ Menú **Insertar/Gráfico**.

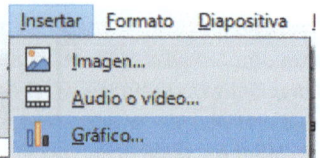

Insertar/Gráfico

→ Botón *Gráfico* en la barra de herramientas estándar.

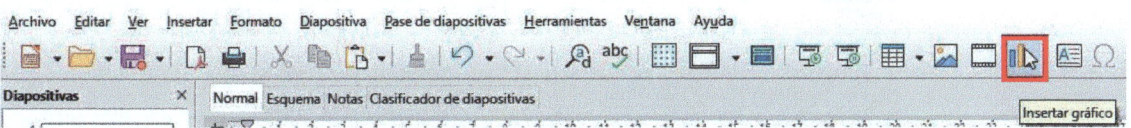

Barra de herramientas estándar

→ Marcador *Insertar gráficos* de la diapositiva.

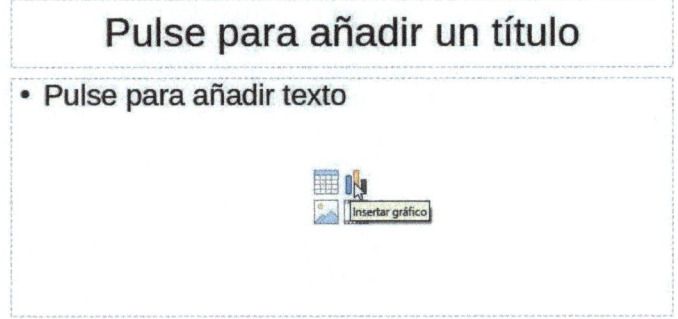

Diapositiva

Una vez seleccionada cualquiera de las formas anteriores, el gráfico aparece en la diapositiva con un diseño y unos valores por defecto que podremos modificar y personalizar a nuestro gusto.

18.2. Modificar los datos para el gráfico

Los datos a representar en un gráfico se escriben en la tabla de datos y cada celda de la tabla de datos se corresponde con una columna en el gráfico.

Para poder visualizar la tabla de datos tenemos que tener el gráfico seleccionado en modo edición.

Podemos tener seleccionado el gráfico de tres formas distintas:

◆ *Si hacemos un clic sobre el gráfico se muestran los controladores de tamaño. En este caso el gráfico es tratado como una imagen, podemos moverlo, cambiarle el tamaño, etc.*

◆ *Si hacemos un segundo clic se nos muestras los controladores de giro y ajuste.*

◆ *Si hacemos doble clic encima del gráfico entramos en el modo de edición del gráfico.*

Para mostrar la tabla de datos podemos hacerlo de dos maneras:

● Hacemos un doble clic sobre el gráfico y, en la barra de herramientas de formato, pulsamos en el botón **Tabla de datos**.

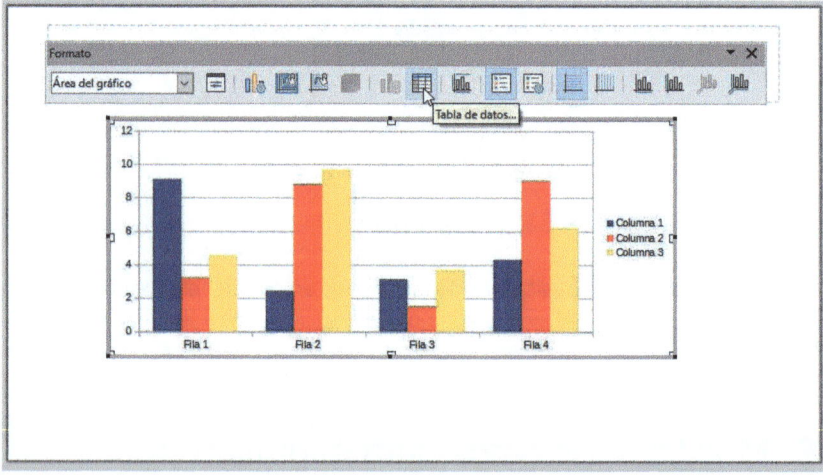

Botón Tabla de datos

● Pulsamos el botón derecho del ratón encima del gráfico y, en el menú contextual, seleccionar la opción **Tabla de datos**.

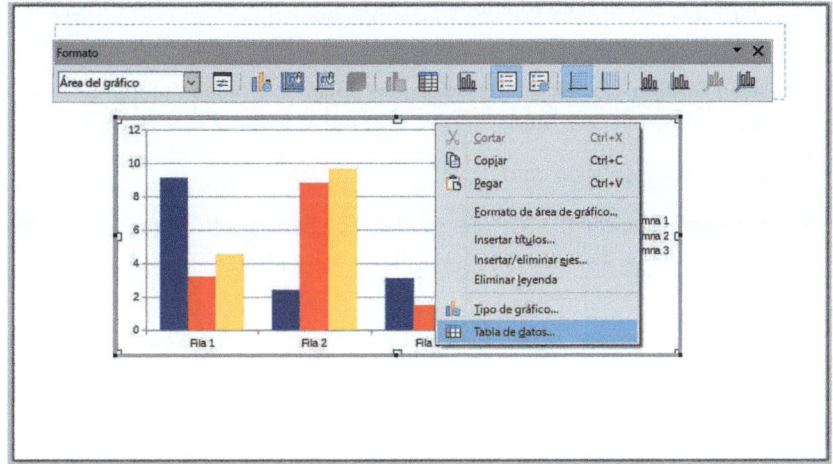

Menú de contexto

18.3. Elementos de un gráfico

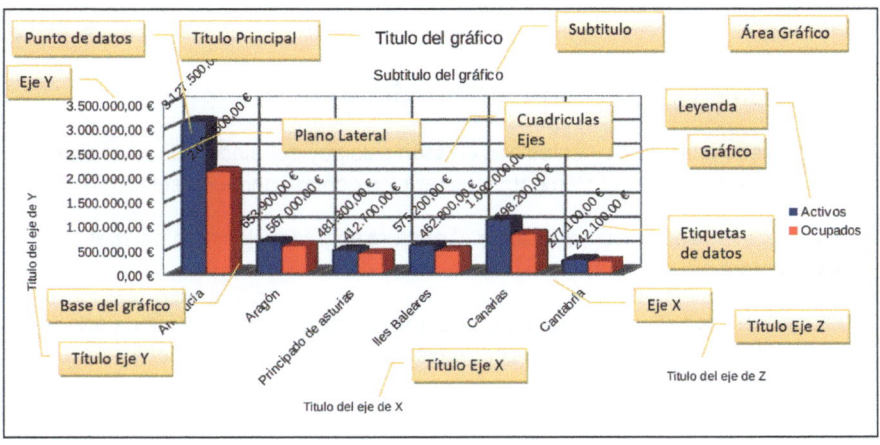

Elementos de un gráfico

◆ **Punto de datos:** donde figuran el conjunto de datos de la hoja de cálculo que se representan en el gráfico.

◆ **Título principal (opcional):** donde figura el nombre del gráfico.

◆ **Subtítulo del gráfico (opcional):** donde figura una explicación adicional del nombre.

◆ **Área Gráfico**: donde figura el gráfico propiamente dicho y todos sus elementos (títulos, leyenda, etc.).

◆ **Eje Y**: representa los datos.

◆ **Leyenda (opcional):** en la que se identifica cada punto de datos del gráfico. A cada punto de datos se le asigna un color para diferenciar uno serie de otro.

◆ **Gráfico**: es la zona que contiene el gráfico, los ejes y las cuadriculas de los ejes.

◆ **Eje X**: representa los datos.

◆ **Título Eje Y**: donde figura un texto que nos ayuda a comprender lo que se representa en los ejes.

◆ **Título Eje X**: donde figura un texto que nos ayuda a comprender lo que se representa en los ejes.

◆ **Título Eje Z**: donde figura un texto que nos ayuda a comprender lo que se representa en los ejes.

18.4. Seleccionar un elemento gráfico

Para seleccionar los elementos con el **ratón** solo hay que hacer clic en el elemento que se desea seleccionar, el elemento mostrará los controladores de selección.

Para facilitar la selección, al colocar el puntero sobre un elemento del gráfico aparecerá el nombre del elemento.

Otra posibilidad es usar la lista de elementos de gráfico como sistema de selección. Esta lista se encuentra en la barra de herramientas de formato de gráficos:

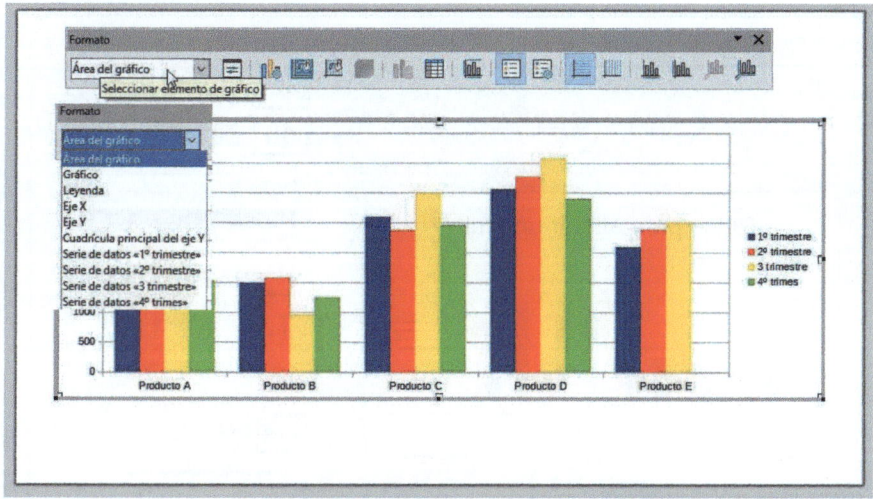

Seleccionar elemento de gráfico

18.5. Modificar gráficos

Los aspectos relacionados con la representación de los elementos que forman el gráfico se pueden modificar:

■ A través de la barra de herramientas de formato del gráfico:

Barra de herramientas de formato del gráfico

■ A través de la barra lateral:

Barra lateral

19. Diagramas

19.1. Creación de organigramas

19.1.1. Introducción

Para crear un organigrama en Impress tenemos que hacerlo a través de la barra de herramienta de dibujo o utilizando las formas básicas que podemos encontrar en el menú *Insertar/Forma*.

Los departamentos que vamos representando en el organigrama tienen que unirse con los conectores.

Cuando se dibuja un conector entre dos formas, este se ligará a un punto de unión en cada una ellas.

Las formas tienen cuatro puntos de unión predeterminados, cuyas posiciones dependen de la clase particular de esa forma.

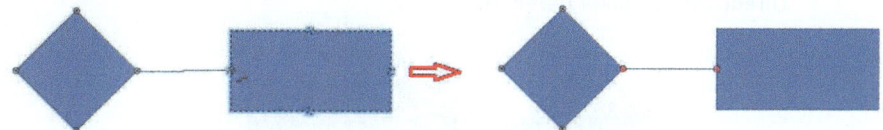

Ejemplo de conector

La mayoría de los objetos tiene cuatro puntos de unión, pero podemos agregar y personalizar los puntos de unión utilizando el botón ***Mostrar funciones de puntos de unión*** de la barra de herramientas de dibujo:

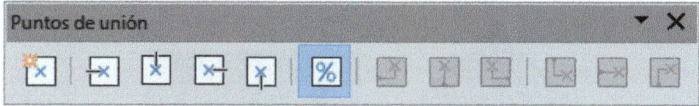

Puntos de unión

❋ **Insertar punto de unión**:

Elegimos la posición en la que deseamos añadir el punto de unión de la forma.

Una vez insertado el punto de unión, podemos moverlo a otra posición.

❋ **Dirección de salida izquierda:**

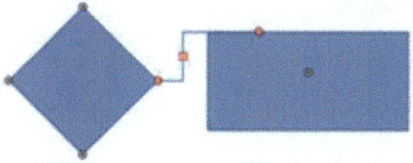

Dirección de salida izquierda

❋ **Dirección de salida arriba:**

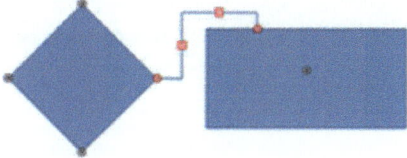

Dirección de salida arriba

✳   **Dirección de salida derecha:**

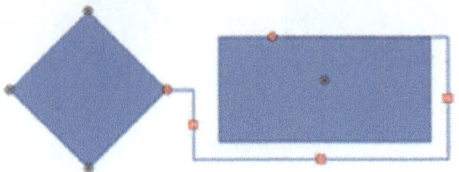

Dirección de salida derecha

✳   **Dirección de salida abajo:**

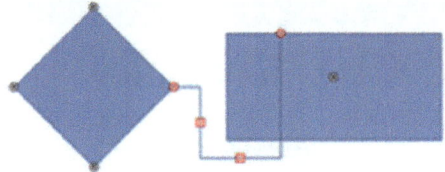

Dirección de salida abajo

✳   **Punto de unión relativo:**

Si está activado, el punto de unión se desplazará cuando cambie el tamaño del objeto para mantener su posición relativa a los bordes del objeto.

Agregar puntos de unión:

Para añadir puntos de unión a una forma, realizamos los siguientes pasos:

●   Seleccionamos la forma a la que queremos añadir puntos de unión.

●   Pulsamos en el botón *Mostrar funciones de puntos de unión* de la barra herramientas de dibujo.

●   Pulsamos en el botón *Insertar punto de unión* de la barra de herramientas *Puntos de unión*.

Barra de herramientas Puntos de unión

- Si es una forma rellena, podemos pulsar en cualquier parte de esta. Si es una forma vacía, tenemos que pulsar en el borde para añadir un punto de unión.

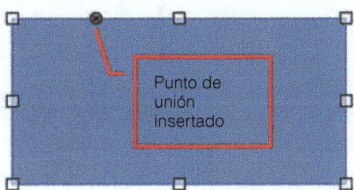

Punto de unión insertado

19.1.2. Crear un organigrama

Los organigramas se utilizan para representar la estructura formal de una empresa o cualquier organización.

Para crear los organigramas en Impress no disponemos de ninguna herramienta específica, por lo que debemos realizarlos de forma manual.

19.2. Los diagramas

19.2.1. Introducción

Otra forma de presentar la información es utilizar los diagramas, que podremos crearlos de forma manual o utilizando los que ya tenemos creados en Impress.

Estos diagramas permiten:

- Ilustrar una programación empresarial utilizando una escala de tiempo de manera gráfica.

- Colocar una lista de viñetas dentro de formas relacionadas entre sí y aplicando color para que resulte más clara.

- Mostrar cualquier proceso con la ayuda de flechas y formas conectadas en una secuencia clara y directa.

Para acceder a la *Galería*, podemos hacerlo de dos maneras:

- Haciendo clic en el menú *Insertar/Multimedia/Galería*.

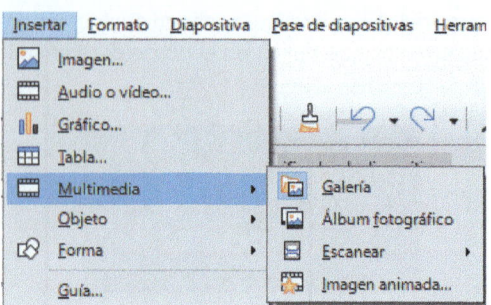

Insertar/Multimedia/Galería

■ En la barra lateral, pulsando en el botón **Galería**.

Barra lateral

Se nos muestran las distintas categorías en las que tenemos dividida la galería y hacemos clic en **Diagramas**.

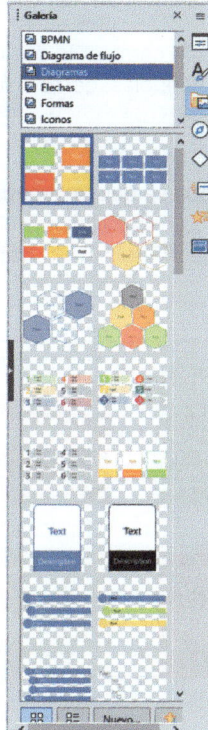

Galería/Diagramas

19.2.2. Insertar texto en los diagramas

Podemos insertar texto en los diagramas pulsando directamente en la forma en la que deseamos introducir el texto.

Insertar texto

19.2.3. Girar o voltear una forma de un diagrama

Dentro de un diagrama se puede cambiar la posición de las formas, no solo desplazándolas, sino girándolas o invirtiéndolas, como si fueran formas independientes.

Para girar una forma:

◆ Seleccionamos la forma que se quiere girar haciendo un doble clic sobre ella.

◆ Arrastramos el controlador de giro en la dirección en la que se desea girar la forma.

Ejemplo

Si se mantiene pulsada la tecla Mayús mientras se arrastra el controlador de giro, reduciremos el giro de la forma a incrementos de 15°.

*También podemos establecer el ángulo de giro pulsando la tecla de función F4, que nos mostrará el cuadro de diálogo de **Posición y Tamaño**.*

19.2.4. Aplicar un giro 3D

Para aplicar un giro 3D:

■ Seleccionamos la forma a la que deseamos aplicar el giro 3D y lo transformamos en un objeto 3D desde el menú **Formato/Convertir/En 3D**.

■ Una vez transformado en un objeto 3D le aplicamos el giro a través de los controladores de giro o a través del cuadro de dialogo de **Posición y tamaño/Giro**.

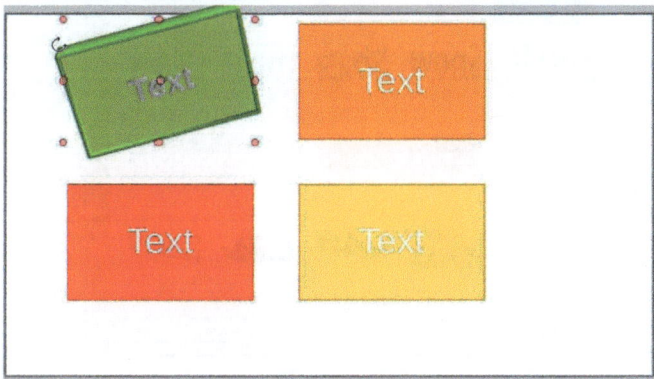

Ejemplo

20. Fontwork o texto artístico

20.1. Introducción

Un objeto Fontwork es un objeto de texto especial que ya tiene formatos decorativos predefinidos, además de unas opciones especiales que permiten configurar su aspecto.

Para insertar un objeto de Fontwork en la diapositiva:

✱ Hacemos clic en el menú **Insertar/Fontwork**.

✱ En el cuadro de diálogo **Galería de Fontwork** seleccionamos el estilo que deseamos insertar.

Galería de Fontwork

20.2. Modificar el relleno de Fontwork

Para modificar el relleno:

→ Seleccionamos el Fontwork.

→ Hacemos clic en el menú *Formato/Cuadro de texto y forma/Área.*

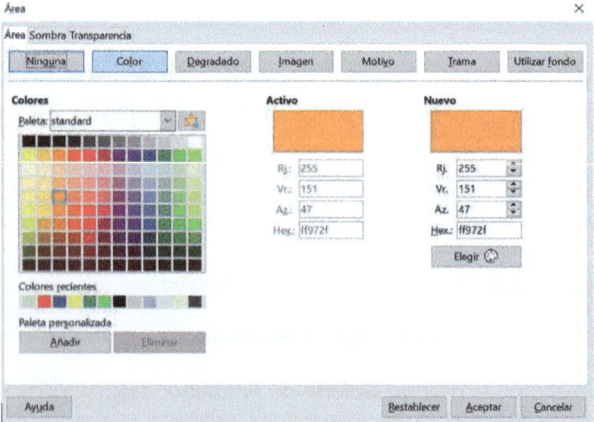

Cuadro de diálogo Área

20.3. Modificar el contorno del Fontwork

Para modificar el contorno:

→   Seleccionamos el Fontwork.

→   Hacemos clic en menú **Formato/Cuadro de texto y forma/Línea**.

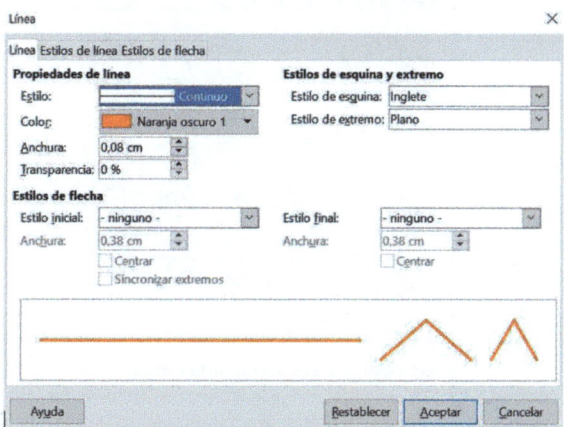

Cuadro de diálogo Línea

20.4. Aplicar efecto a un Fontwork

Una vez insertado el Fontwork, disponemos de la barra de herramientas de Fontwork para aplicar diversos efectos.

Fontwork

1.   **Insertar texto Fontowork**. Nos permite añadir un nuevo texto artístico a nuestra diapositiva.

2. **Forma de Fontowork**. Nos permite cambiar la forma.

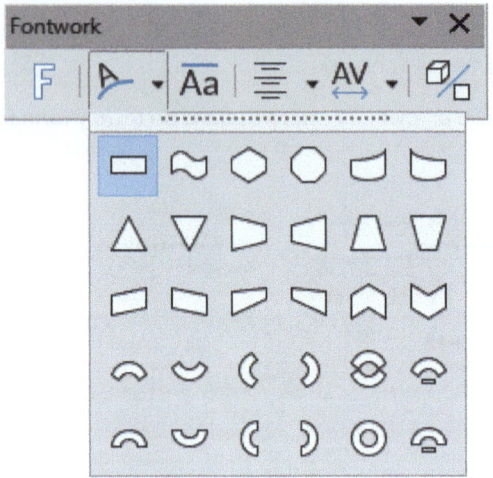

Desplegable para cambiar la forma

3. **Misma altura de letras de Fontwork**. Modifica la altura de las letras para que todas queden a la misma altura.

Ejemplo

4. **Alineación del Fontwork**. Permite definir la alineación que deseamos de los caracteres. Los efectos de la alineación del texto solo se pueden apreciar si el texto ocupa dos líneas o más.

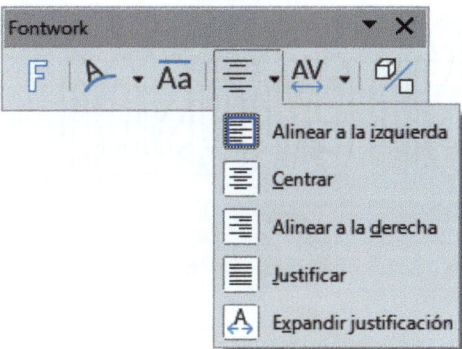

Opciones de alineación

5. **Espaciado entre caracteres de Fontwork**. Permite modificar el valor de espacio entre los caracteres del texto. El que tiene de manera predeterminada es el espacio *Normal.*

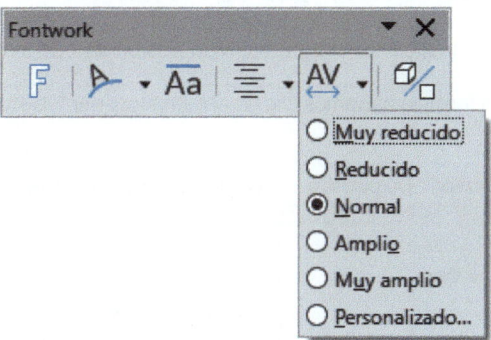

Opciones para el espaciado de caracteres

6. **Alternar extrusión.** Nos permite cambiar entre un objeto Fontwork 2D a un objeto 3D (o viceversa).

Ejemplo

21. Inserción de fórmulas

Una nueva característica del programa es la posibilidad de insertar fórmulas.

Para insertar una fórmula hacemos clic en el menú Insertar/Objeto/Objeto de fórmula:

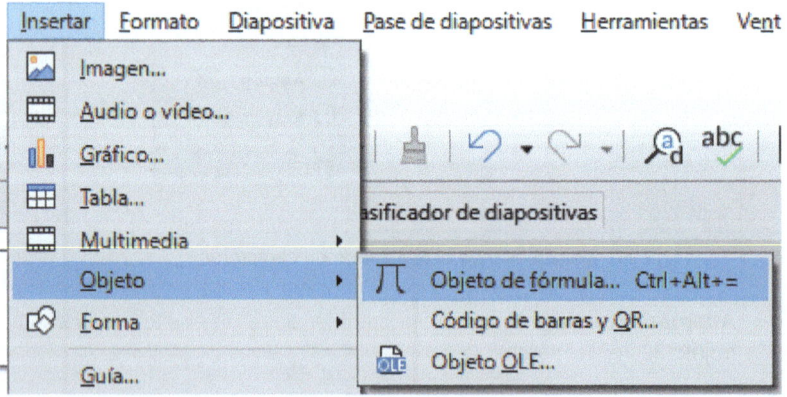

Insertar/Objeto/Objeto de fórmula

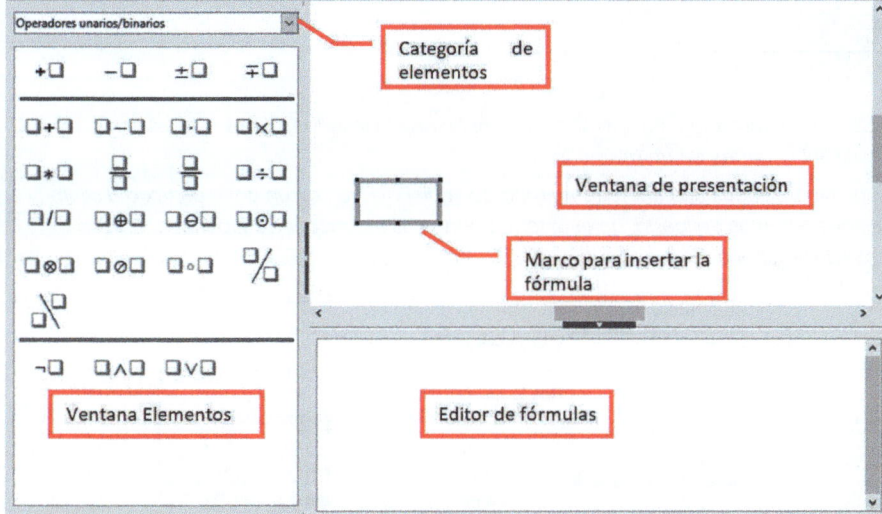

Insertar fórmulas

22. Hiperenlace

22.1. Introducción

> *Un* **hiperenlace** *es un enlace hacia otro elemento, ya sea interno de la propia presentación o externo como, por ejemplo, una página web.*

Se puede aplicar un hiperenlace a cualquier objeto insertado en la diapositiva, incluso a distintas partes de un mismo texto.

Los hiperenlaces nos aparecen dentro de la dispositiva con un color de texto distinto al que tenemos aplicado, de esta forma podemos reconocer los hiperenlaces que puede tener una diapositiva.

Se puede aplicar un hiperenlace a cualquier objeto insertado en la diapositiva, incluso a distintas partes de un mismo texto.

Los hiperenlaces nos aparecen dentro de la dispositiva con un color de texto distinto al que tenemos aplicado, de esta forma podemos reconocer los hiperenlaces que puede tener una diapositiva.

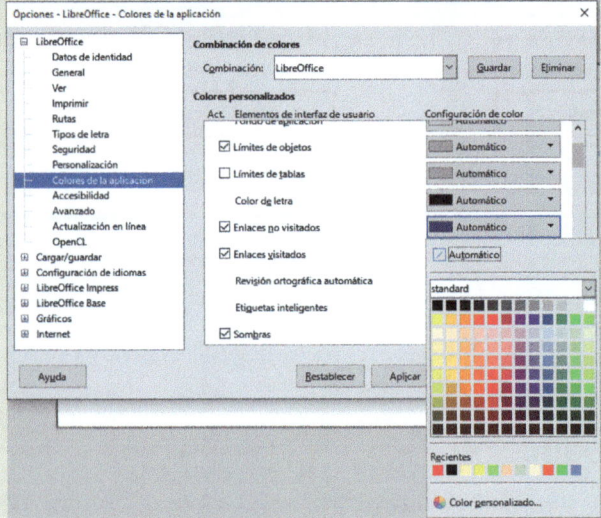

Herramientas/Opciones/LibreOffice/Colores de la aplicación

22.2. Crear un hiperenlace

Para crear un hiperenlace que nos lleve a una página web:

- Seleccionamos el texto.

- Accedemos a la opción *Insertar/Hiperenlace* y seleccionamos *Internet*.

- En el cuadro texto *URL* escribimos la dirección de la página Web.

- Pulsamos *Aceptar*.

Para crear un hiperenlace para enviar un correo:

◆ Seleccionamos el texto.

◆ Accedemos a la opción hiperenlace y seleccionamos **Correo**.

◆ En el cuadro texto **Destinatario** escribimos la dirección de correo de la persona o personas a las que deseamos enviar el correo.

◆ Pulsamos **Aceptar**.

Para crear un hiperenlace que nos desplace a otra diapositiva del documento:

▪ Seleccionamos el texto.

▪ Accedemos a la opción hiperenlace y seleccionamos **Documento**.

▪ En el apartado **Destino en el documento** pulsamos en el botón **Destino del documento** para seleccionar la diapositiva a la que deseamos crear el hiperenlace.

▪ Pulsamos **Aceptar**.

22.3. Modificar y quitar un hiperenlace

Para modificar o quitar un hiperenlace debemos seguir los siguientes pasos:

✳ Pulsamos el botón derecho del ratón encima del hiperenlace que deseamos modificar o eliminar.

✳ En el menú de contexto seleccionamos **Editar hiperenlace** o **Quitar hiperenlace.**

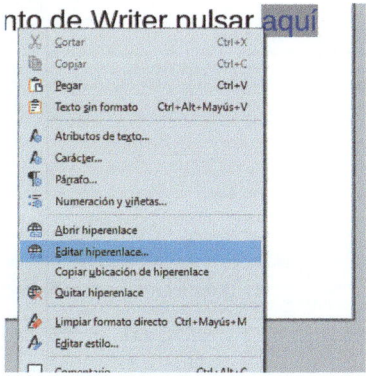

Editar hiperenlace

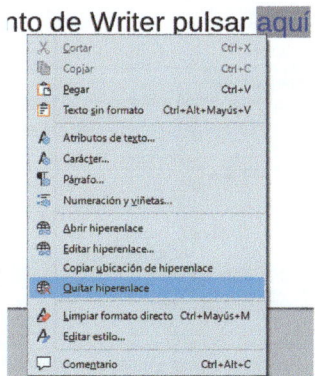

Quitar hiperenlace

23. Inserción de sonidos y películas

23.1. Sonidos

23.1.1. Agregar un sonido a una diapositiva

LibreOffice Impress ofrece la posibilidad de insertar sonidos a las diapositivas de una presentación.

> *LibreOffice Impress ofrece la posibilidad de insertar sonidos a las diapositivas de una presentación.*

Para insertar un sonido vamos a menú ***Insertar/Audio o vídeo:***

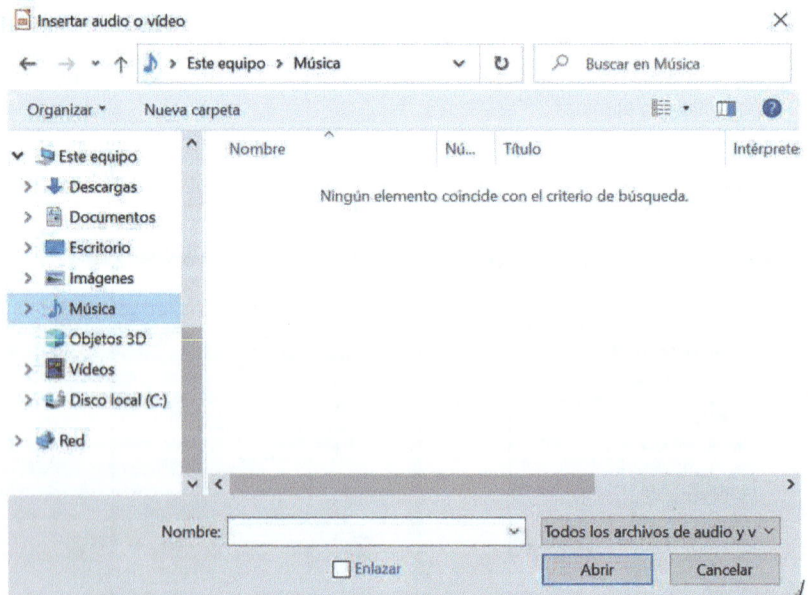

Insertar audio o vídeo

23.1.2. Reproducir el sonido

Para reproducir el sonido podemos hacerlo de dos formas:

Ejecutando la presentación (F5). Cuando lleguemos a la diapositiva que tiene insertado el sonido, este se reproducirá automáticamente.

Utilizando la barra de herramientas **Reproducción Multimedia**, que podemos activar en **Ver/Barra de herramientas**. Esta barra también nos permitirá pausar la reproducción, silenciarla, etc.

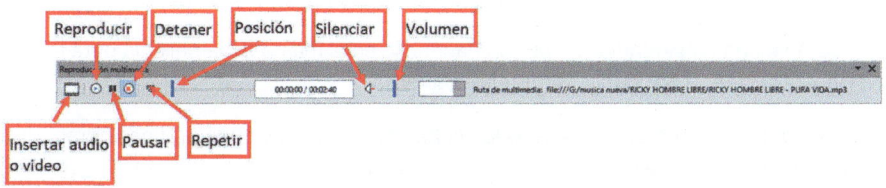

Barra de reproducción de sonido

El fichero de sonido solo se reproducirá en la diapositiva en la que fue insertado. Podemos insertar ficheros de sonido y aplicarlos a todas las diapositivas a través de la opción transición de diapositivas.

*Con la opción de **Reproductor de medios**, que se encuentra en el menú **Herramientas**, podemos tener una vista previa de los archivos multimedia compatibles. Si, posteriormente, deseamos insertar ese sonido en nuestra diapositiva pulsamos en el botón **Aplicar**.*

23.1.3. Asociar un sonido a un objeto

Podemos asociar un sonido a un objeto. Para ello seguiremos los siguientes pasos:

→ Hacemos clic con el botón derecho sobre el objeto al que deseamos asociar el sonido.

→ Seleccionamos la opción *Interacción/Reproducir sonido*.

→ Hacemos clic en el botón *Examinar* y localizamos el fichero que contiene el sonido que deseamos asociar al objeto.

23.2. Insertar películas

23.2.1. Introducción

Cuando se inserta una película en una presentación, esta lo hace de forma que sea necesario hacer clic en algún punto de la diapositiva para reproducirla.

Durante una presentación se puede hacer clic en el marco de la película para hacer una pausa y volver a hacer clic para reanudarla.

Para Impress también son vídeos los ficheros con animaciones gráficas como, por ejemplo, los GIF animados.

Un archivo GIF animado incluye movimiento. Este tipo de archivos no son técnicamente películas, simplemente contienen muchas imágenes en secuencia que crean un efecto de animación.

23.2.2. Agregar una película

Los modos de insertar películas son muy similares a lo ya visto en insertar sonidos.

Para hacerlo vamos a *Insertar/Audio o vídeo.*

Al pulsar la opción se abre el cuadro de diálogo en el que podemos explorar para encontrar el archivo deseado.

Una vez insertada la película, esta se muestra como un objeto más de la diapositiva.

Al igual que ocurre con los archivos de audio, podemos activar la barra de reproducción, desde la que podemos reproducir el vídeo, pausarlo, etc.

*Podemos seleccionar la opción de **Reproductor de medios**, que se encuentra en el menú de **Herramientas**, para tener una vista previa de los archivos multimedia compatibles.*

23.3. Formato de objetos

Podemos insertar en nuestras diapositivas diversos objetos a través de la barra de herramientas de dibujo, insertando imágenes, añadiendo otros tipos de objetos, etc.

Los objetos que insertamos en nuestras presentaciones podemos editarlos para aplicarles diferentes opciones de configuración según el tipo de objetos de que se trate.

Las opciones para aplicar formatos a los objetos las encontraremos en el menú **Formato** o a través de los menús contextuales o de las barras de herramientas.

23.4. Rellenos

23.4.1. Introducción

Con la opción **Área** podemos configurar el aspecto de fondo de las imágenes vectoriales, que son las realizadas con la barra de herramientas de dibujo.

Para aplicar un relleno a un dibujo:

- Seleccionamos el objeto.

- Accedemos al menú **Formato/Cuadro de texto y forma/Área**.

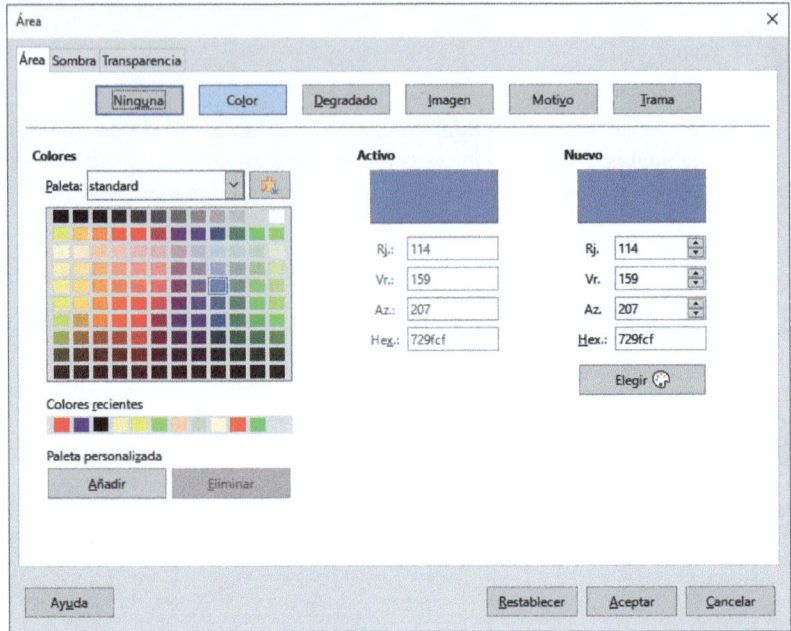

Cuadro de diálogo Área

*También podemos acceder a la opción **Área** a través del menú contextual del objeto o a través de la barra de herramientas de líneas y relleno.*

23.4.2. Color de relleno

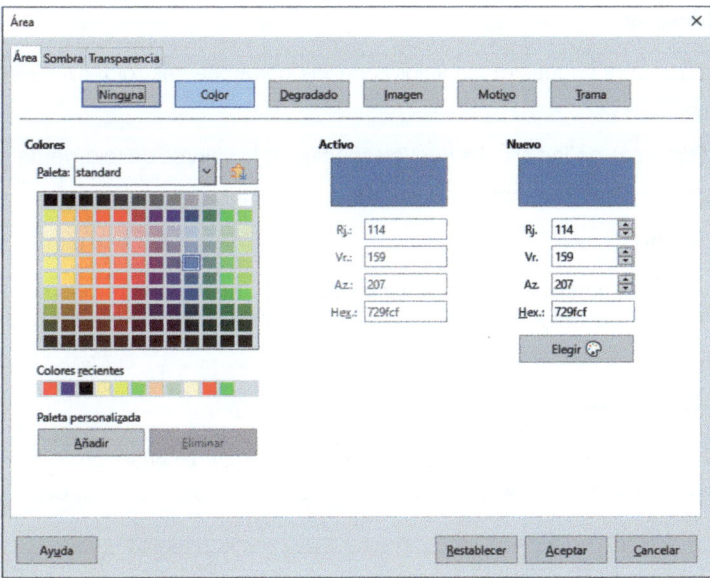

Área

◆ **Paleta**:

Podemos seleccionar la paleta de colores en el cuadro de lista y elegir el color del objeto seleccionado.

El conjunto de colores de la paleta se muestra debajo.

◆ **Colores recientes:**

Muestra los colores utilizados recientemente.

◆ **Paletas personalizadas:**

Pulsamos en ***Añadir*** para abrir un cuadro de diálogo que nos permite definir un nombre para el color personalizado. La paleta cambia a ***Personalizada***.

Para suprimir el color de la paleta personalizada pulsamos en ***Eliminar***.

◆ **Activo:**

Nos muestra el color actual del objeto.

◆ **Nuevo:**

Nos muestra el color nuevo que se aplicará al objeto cuando pulsemos en *Aceptar*.

Debajo nos muestra los valores de los componentes rojo, azul y verde del color nuevo.

Podemos definir el color nuevo especificando valores de rojo, verde y azul en los respectivos cuadros Rj, Vr, Az.

◆ **Elegir:**

Abre el cuadro de diálogo *Elija un color,* que nos permite seleccionar gráficamente el color deseado.

23.4.3. Degradado

Un degradado es un rango de colores ordenados linealmente con la intención de dar visualmente una transición suave y progresiva entre dos o más colores.

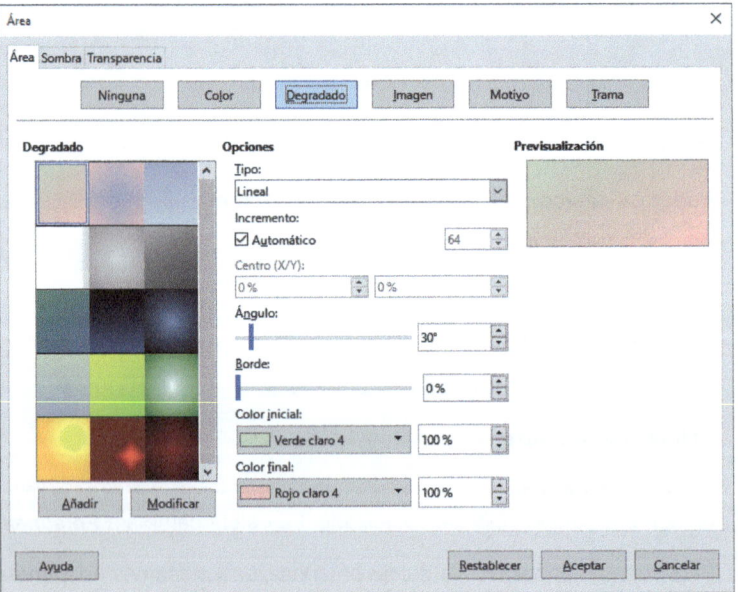

Área

23.4.4. Imagen

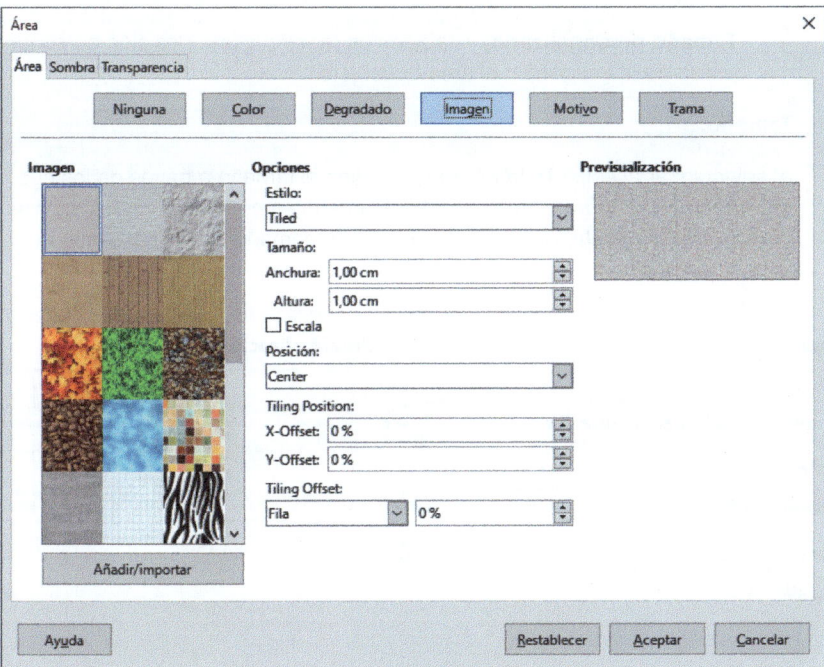

Área/Imagen

- **Imagen:**

  Muestra las imágenes disponibles.

  Para cambiar el nombre de una imagen, la seleccionamos, pulsamos sobre el botón secundario del ratón y seleccionamos *Cambiar nombre.*

  Para eliminar una imagen, la seleccionamos, pulsamos sobre el botón secundario y escogemos *Eliminar*.

- **Añadir/Importar:**

  Localizamos la imagen que queremos importar y, a continuación, pulsamos en *Abrir*. La imagen se añadirá al final de la lista de imágenes disponibles.

- **Estilo:**

  Disponemos de 3 opciones:

♦ **Tield**: rellena el objeto con la imagen en forma de mosaico.

♦ **Stretched**: estira la imagen para que se ajuste al área del objeto.

♦ **Tamaño personalizado**: establece un tamaño y una posición personalizada de la imagen en el área del objeto.

▦ **Tamaño:**

Al seleccionar el estilo *Tield* podremos definir el tamaño a través de los cuadros *Anchura* y *Altura*, introduciendo el tamaño en centímetros. O, si activamos la casilla *Escala*, podemos establecer el tamaño en un porcentaje del tamaño original.

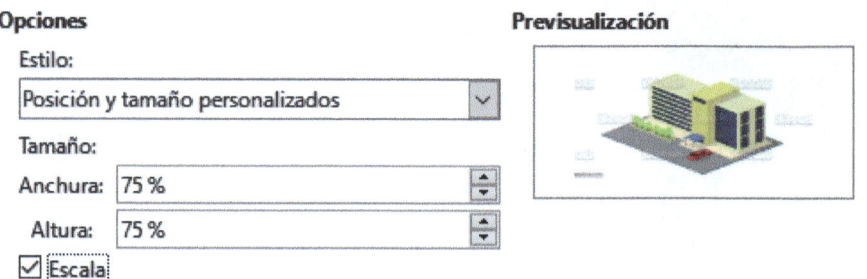

Tamaño

▦ **Posición:**

A través de esta opción podemos definir la posición de la imagen dentro del área del objeto.

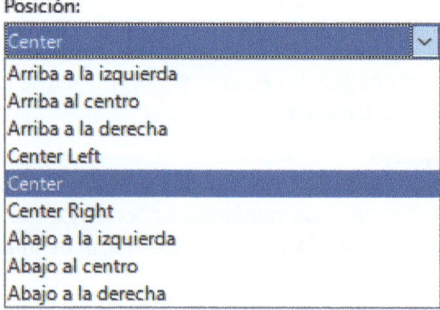

Posición

■ **Posición y desplazamiento de mosaico:**

Si en el estilo seleccionamos la opción *Tield* se nos activan las opciones del apartado *Tiling Position y Tiling Offset* para definir la posición y el desplazamiento del mosaico.

■ **Previsualización:**

Nos muestra la vista previa de la configuración indicada.

23.4.5. Motivo

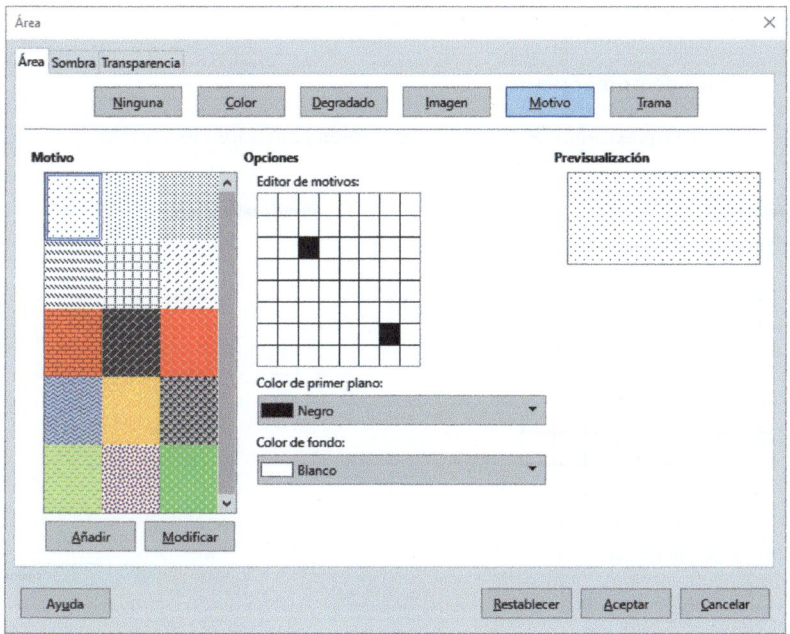

Área/Motivo

* **Motivo:**

Nos muestra los motivos disponibles.

Desde aquí también podemos cambiar el nombre del motivo seleccionándolo con el botón secundario del ratón y eligiendo la opción *Cambiar nombre* o borrarlo seleccionando la opción *Eliminar*.

* **Editor de motivos**:

   Nos permite personalizar el motivo, marcando en el tablero los pixeles que deseamos activar o desactivar.

Ejemplo

* **Color de primer plano:**

   Nos permite definir el color de los pixeles activados del motivo.

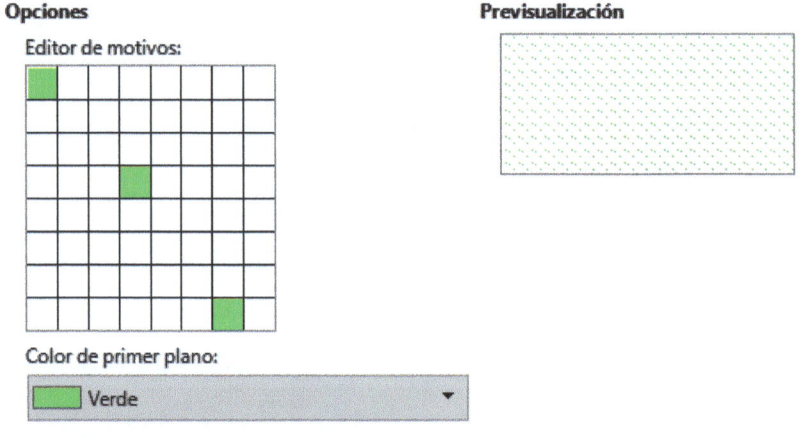

Ejemplo

* **Color de fondo:**

    Establece el color de los pixeles desactivados del motivo.

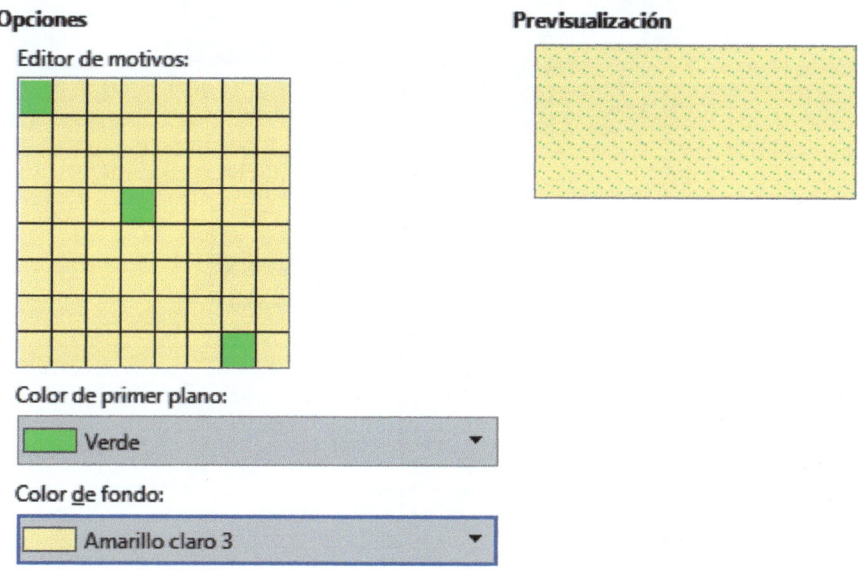

Ejemplo

* **Previsualización:**

    Nos muestra la vista previa del motivo en función de las opciones seleccionadas.

23.5. Líneas

23.5.1. Introducción

La opción **Líneas** nos permite cambiar las propiedades de las líneas, ya sean líneas aisladas o que formen parte de un dibujo.

Podemos acceder a la opción de varias formas:

→   Haciendo clic en el menú **Formato/Objeto y forma/Línea**.

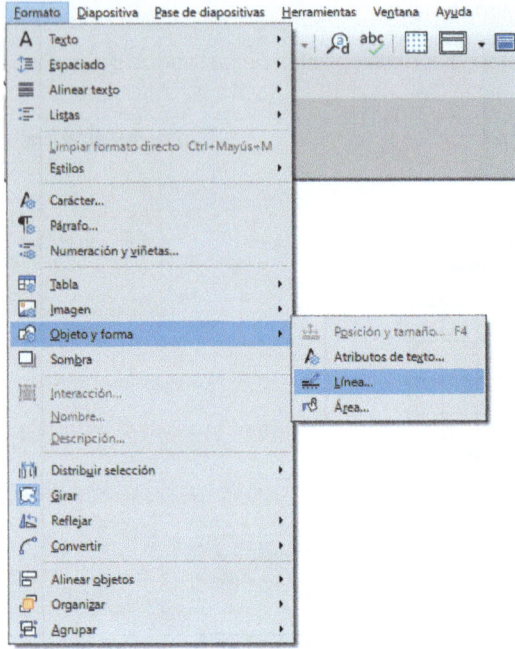

Formato/Objeto y forma/Línea

→ A través del menú contextual del objeto o de la línea.

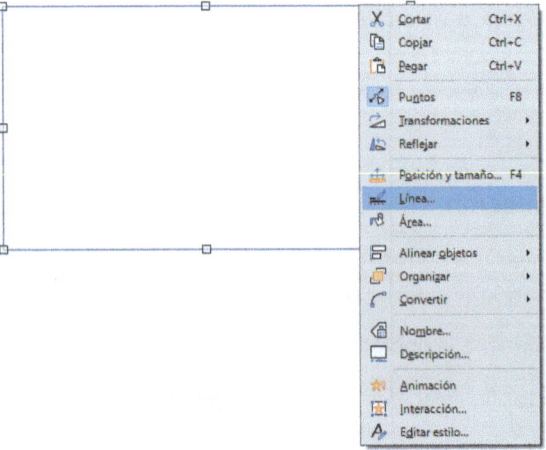

Menú contextual

→   A través de la barra de herramientas de líneas y relleno.

Barra de herramientas de líneas y relleno

Si seleccionamos cualquiera de las dos primeras opciones se nos muestra el siguiente cuadro de diálogo:

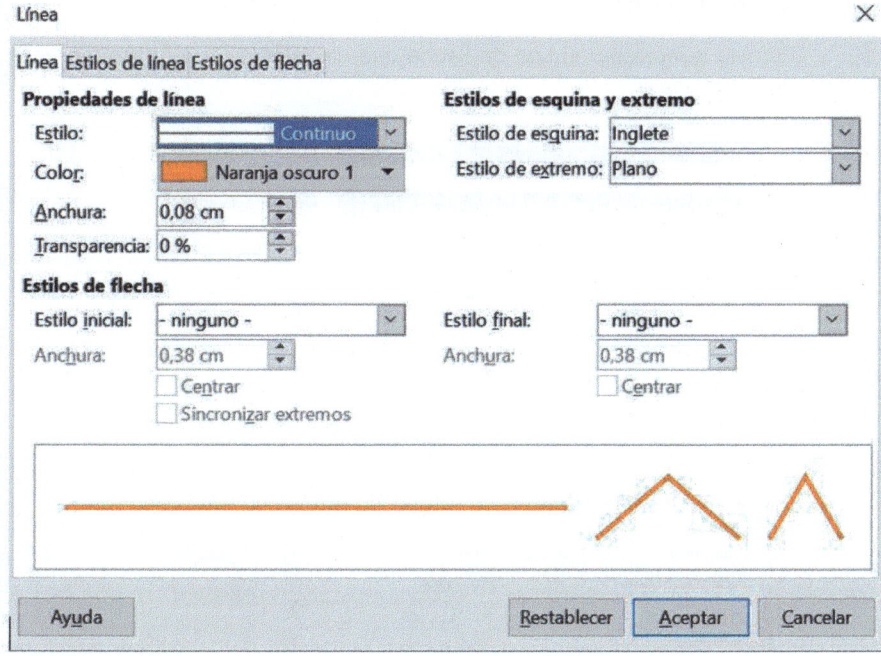

Línea

- **Propiedades de línea**:

  Podremos seleccionar el estilo de línea, definirle el color, especificar le grosor deseado, así como el porcentaje de transparencia.

- **Estilos de esquina y extremo:**

  Permite definir cómo se verá la conexión entre dos líneas.

Estilos de esquina y extremo

- **Estilos de flecha:**

  Permite seleccionar el tipo de flecha que utilizaremos en el caso de tener dibujada una línea.

Flechas

23.5.2. Estilo de línea

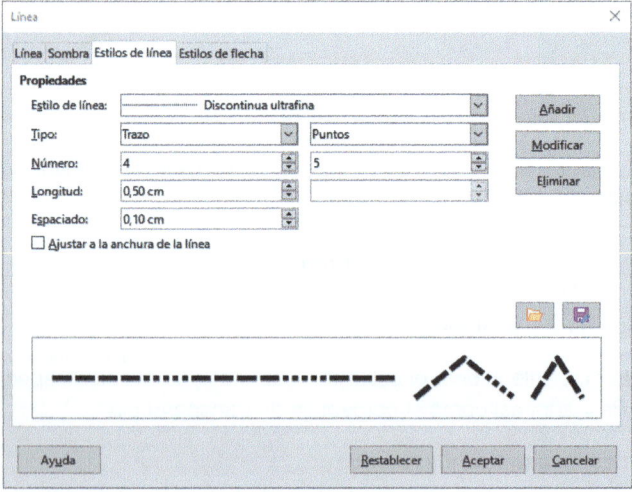

Estilos de línea

23.5.3. Estilo de flecha

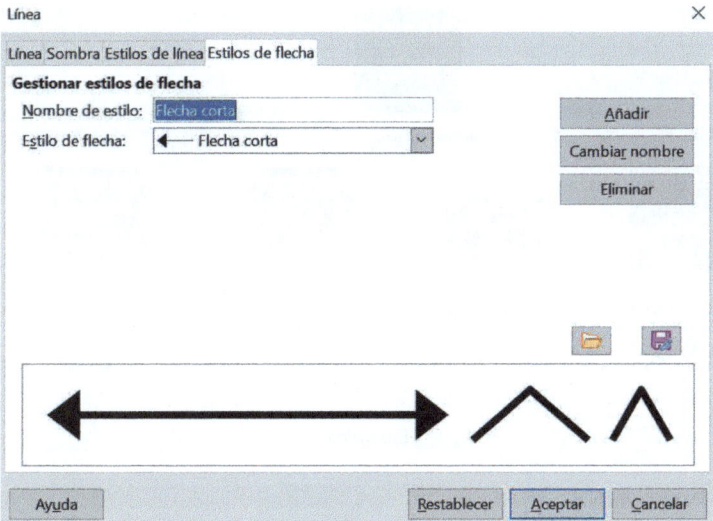

Estilo de flecha

23.6. Efectos de sombra o 3D

Al transformar un objeto 2D a 3D se activa la barra de herramientas de configuración 3D.

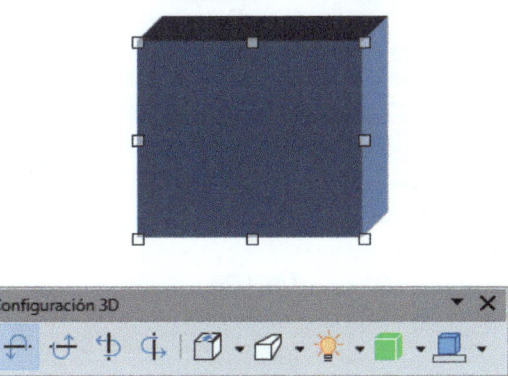

Configuración 3D

✳ **Inclinación**:

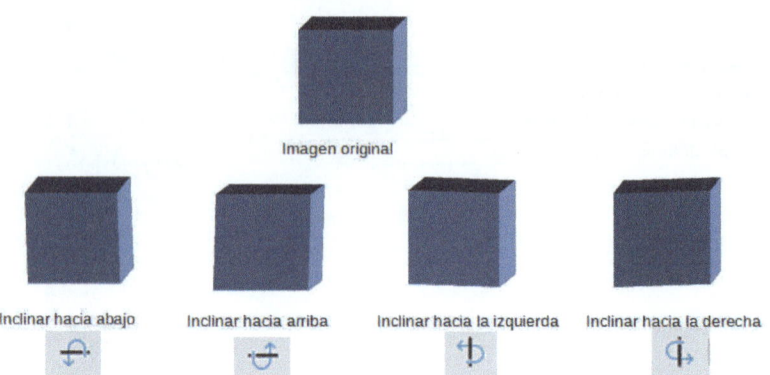

Ejemplos

✳ **Profundidad:**

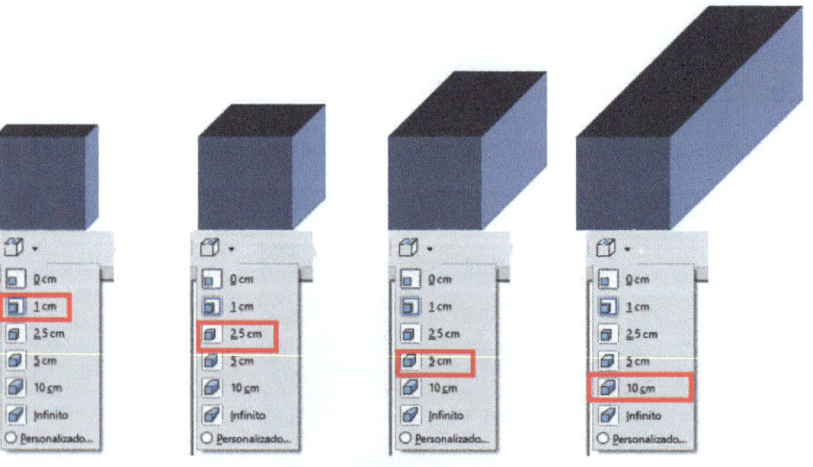

Ejemplos

✳ **Dirección:**

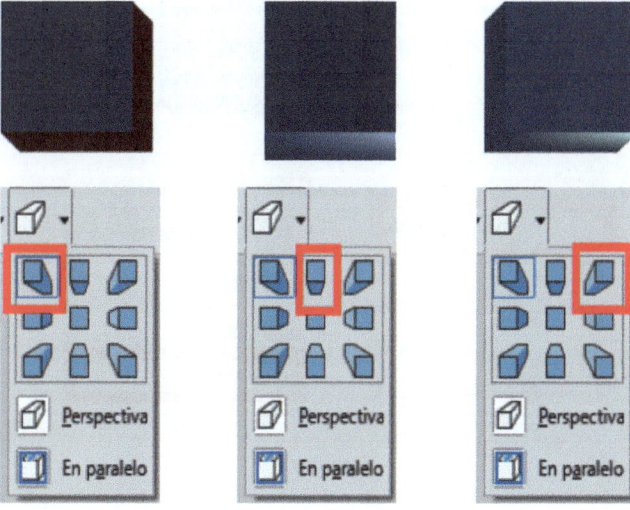

Ejemplos

✳ **Iluminación:**

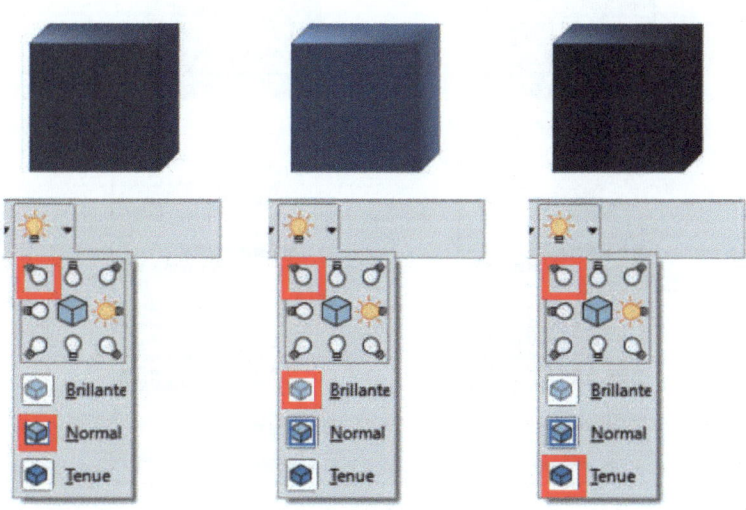

Ejemplos

* **Superficie:**

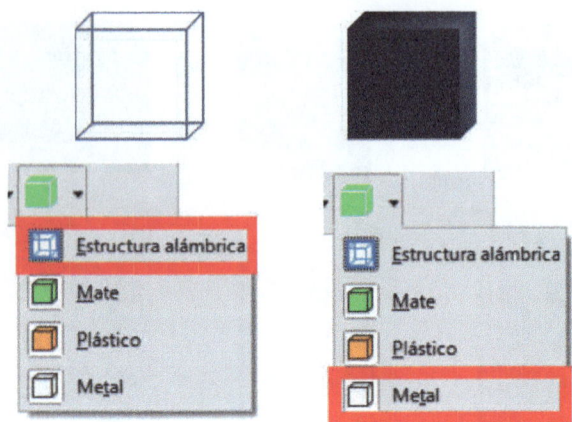

Ejemplos

* **Color 3D:**

Ejemplos

Resumen

En esta unidad hemos visto:

■ El trabajo con objetos: cómo insertarlos, cómo seleccionarlos, cómo agruparlos, cómo alinearlos, cómo moverlos y cómo aplicarles formatos para un final óptimo.

■ Las ayudas visuales que ofrece el programa para una mayor rapidez en la inserción de objetos: reglas, cuadrículas, guías y ajustes visuales al mover los objetos.

■ Cómo añadir texto a las presentaciones, ya sea desde las mismas diapositivas o a través de esquema para realizar bocetos y planificaciones rápidas.

■ Cómo dar aspecto profesional al texto, modificarlo, formatearlo tanto desde el punto de vista de la letra como del párrafo.

■ La creación de tablas, trabajando con su aspecto y aprendiendo a modificar, añadir y eliminar elementos de las mismas.

■ El gran trabajo que se puede realizar con los dibujos, así como sus posibilidades de formatos específicos.

■ La gran importancia de las imágenes y su tratamiento.

■ El increíble trabajo de los gráficos y sus numerosas características y particularidades.

■ El nuevo trabajo a realizar con los diagramas.

■ Cómo realizar hipervínculos.

■ Cómo insertar textos atrayentes visualmente con las herramientas de Fontwork.

■ Las técnicas de Impress respecto a objetos especiales como pueden ser los archivos de audio y video.

UNIDAD DIDÁCTICA 5

Documentación de la presentación

Objetivos

- ⊡ Referir la importancia de documentar una presentación para ayudar a comprender mejor el concepto que se quiere exponer o para ayudar a pequeños recordatorios con los objetos.

- ⊡ Adquirir competencias para insertar, modificar, eliminar y gestionar comentarios.

Contenido

Introducción

Una buena documentación puede evitar tener que buscar los textos u objetos insertados.

Con una buena documentación, si una presentación tiene que ser reutilizada tiempo después, sabremos qué se quería decir y por qué.

Asimismo, puede ser una ayuda inestimable a la hora de exponer, ya que las anotaciones realizadas por el autor se pueden visualizar y servir de apoyo más tarde.

También es una buena manera de compartir y trabajar con varios autores en un mismo tema.

1. Comentarios

1.1. Introducción

Un comentario es una nota que se puede adjuntar una diapositiva. También se puede usar comentarios cuando se quiera que otras personas tengan opción de revisar el trabajo realizado y opinar sobre él.

En Impress se puede agregar, editar y eliminar comentarios.

El número de comentarios no tiene que ser necesariamente uno, sino que pueden ser varios dependiendo de las necesidades.

Impress, por defecto, inserta el comentario como si fuera de la diapositiva completa, pero podemos moverlo y colocarlo encima del texto u objeto del que deseamos hacer el comentario.

1.2. Insertar comentario

Para insertar un comentario en una diapositiva seguimos los siguientes pasos:

- Hacemos clic en la dispositiva en la que deseamos insertar el comentario.

■ Vamos a menú *Insertar/Comentario* o pulsamos la combinación de teclas Ctrl + Alt + C.

Insertar/Comentario

■ En el pequeño cuadro que aparece ya podemos escribir el comentario.

Cuadro para escribir el comentario

■ Para terminar, hacemos clic fuera del cuadro. Este entonces se cierra y solo se visualiza un recuadro pequeño en el que aparecen las iniciales del nombre y apellido del usuario que ha insertado el comentario.

Recuadro en el que aparecen las iniciales del usuario que ha insertado el comentario

1.3. Modificar un comentario

Para modificar un comentario realizamos los siguientes pasos:

* Hacemos clic sobre la marca del comentario y este se abrirá para que podamos efectuar las modificaciones.

Marca del comentario

* Una vez realizados los cambios, pulsamos fuera del recuadro y estos quedan grabados.

1.4. Eliminar comentarios

Para borrar un comentario podemos hacerlo de dos formas:

→ Pulsando con el botón derecho del ratón sobre la marca del comentario.

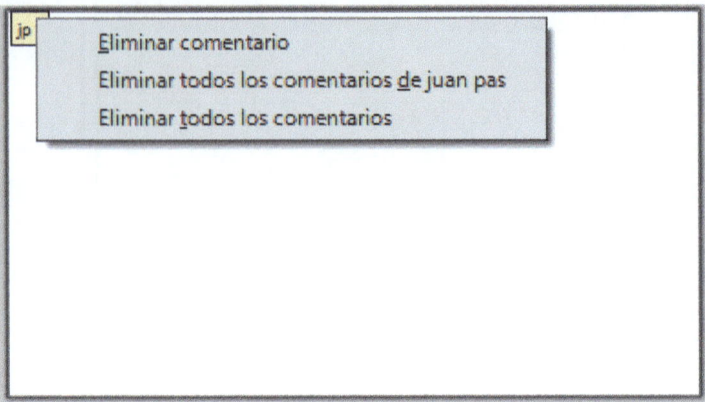

Botón derecho

→ Si estamos visualizando el comentario, el cuadro del comentario contiene una flecha en la parte inferior derecha que, al hacer clic en ella, muestra un pequeño menú con las opciones para eliminar el comentario.

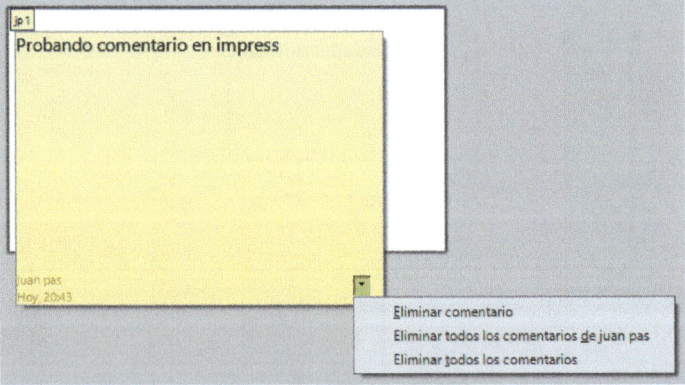

Flecha desplegable del comentario

1.5. Desplazarse entre comentarios

Para desplazarse entre los comentarios de la diapositiva podemos utilizar las siguientes combinaciones de teclas:

- Ctrl + Alt + Repág. Se desplaza al comentario anterior.

- Ctrl + Alt + Avpág. Se desplaza al comentario siguiente.

1.6. Mostrar u ocultar comentarios

Puede que, en algún momento del diseño, las marcas de los comentarios puedan resultar molestas. Ante esta situación podemos ocultar los comentarios.

Para ello vamos a menú ***Ver/Comentarios.***

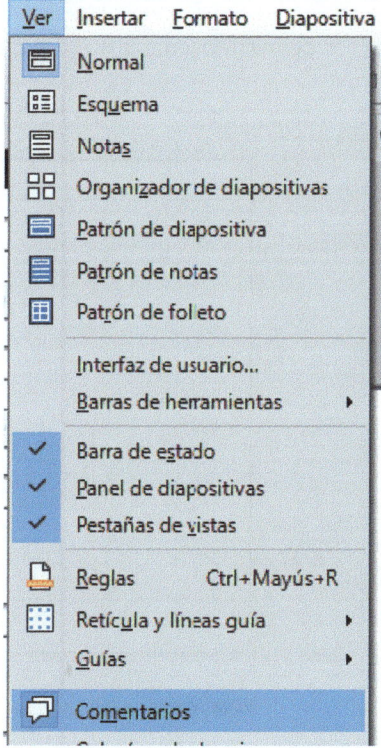

Ver/Comentarios

Si la opción comentarios está seleccionada, los comentarios se muestran. Si pulsamos en ella la desactivamos, por lo que los comentarios se ocultan.

2. Notas del orador

2.1. Introducción

Cuando iniciamos LibreOffice Impress se nos presentará en modo **Normal** por defecto, pero tenemos la posibilidad de cambiar el modo de vista al modo de vista de **Notas**.

El modo de vista **Notas** nos permitirá insertar texto adicional que no se reproducirá durante la presentación.

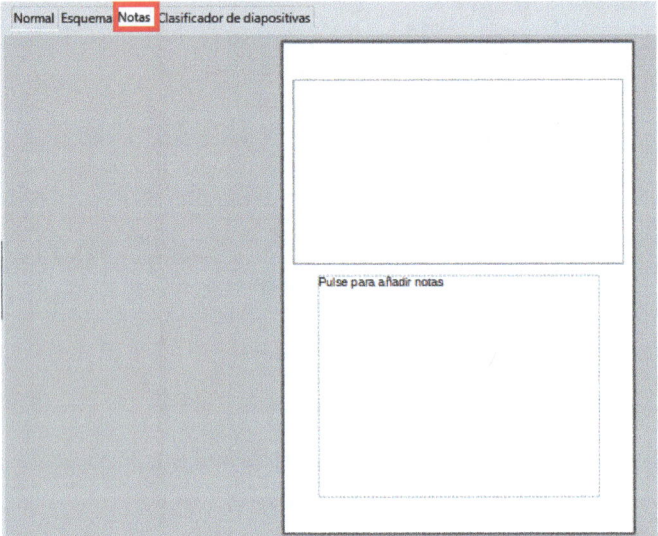

Vista Notas

Estos textos o notas sirven para ayudar a la persona oradora. Por lo general, se utilizan para destacar comentarios o ahondar en algunos de los puntos tratados en la diapositiva.

El texto de las notas, al igual que el texto de las diapositivas, podemos formatearlo aplicando distinta fuente, tamaño, color etc., pero debemos tener en cuenta que al modificar el formato se aplicará a todo el texto de la nota.

2.2. Activar el modo *Notas*

Para activar el modo *Notas*, podemos hacerlo de dos formas:

- Menú **Ver/Notas**.

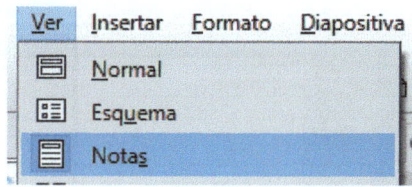

Ver/Notas

- A través de las pestañas que aparecen en la parte superior del área de trabajo (si no aparecen se pueden activar en menú **Ver/Pestañas de vistas**)

Al activar el modo **Notas** se nos muestra en la parte superior el contenido de la diapositiva y en la parte inferior el área de notas, espacio que nos permitirá insertar las notas de nuestra diapositiva.

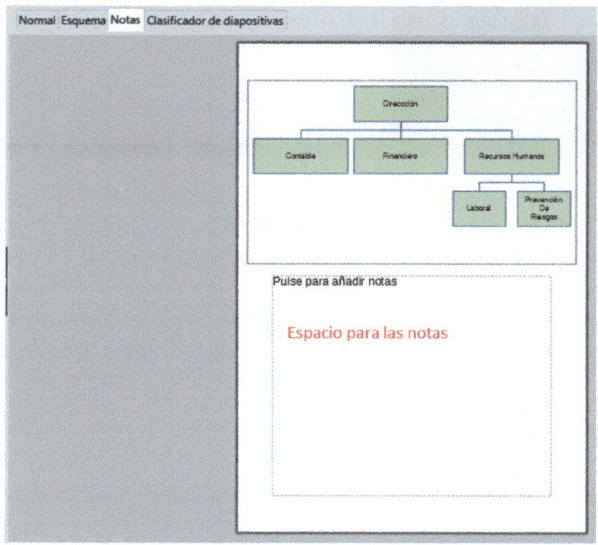

Modo Notas/Espacio para insertar notas

2.3. Patrón de notas

Cuando se cambia a la vista *Patrón de notas (Ver/Patrón de notas)*, el programa muestra en la mitad superior una representación de la diapositiva y en la inferior un espacio para el texto. Además, puede mostrar fecha, número de página…

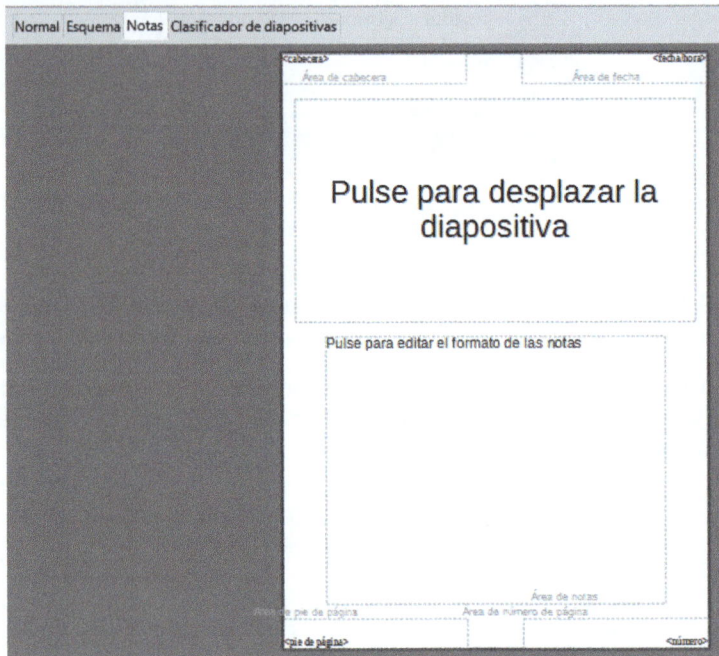

Patrón de notas

Resumen

En esta unidad:

■ Se ha visto lo útil que puede ser documentar una presentación para ayudar a comprender mejor el concepto que se quiere exponer o para ayudar a pequeños recordatorios con los objetos.

■ Se ha aprendido a insertar, modificar, eliminar y gestionar comentarios.

■ Se ha visto cómo cambiar el tipo de vista y cómo cambiar el patrón para que las notas del orador puedan visualizarse y estar preparadas para la impresión.

UNIDAD DIDÁCTICA 6

Diseños o estilos de presentación

Objetivos

- ☐ Aplicar el formato más adecuado a cada tipo de información para su presentación final, empleando de forma adecuada combinación de colores, texto y otros objetos.

- ☐ Analizar las diferentes funcionalidades de los estilos, patrones y diseños de Impress, que permiten unificar el estilo global de una presentación.

Contenido

Introducción

Una presentación no es solo un grupo de objetos colocados con mayor o menor acierto en las diapositivas, Impress incluye muchas herramientas para dotar a las presentaciones de un aspecto cuidado, elegante y llamativo.

En esta unidad se van a recorrer estas herramientas. Nos centraremos especialmente en las herramientas que existen para facilitar la creación de diapositivas.

Comprobaremos la importancia de utilizar plantillas, ya que facilitan la labor de insertar diapositivas en una presentación para que todas ellas tengan un aspecto uniforme.

1. Uso de plantillas de estilos

1.1. Uso de modelos de estilo

Cuando creamos una presentación, tenemos la posibilidad de crearla a partir de una plantilla.

Si al crear la presentación no utilizamos ninguna de esas plantillas, podemos hacerlo a posteriori en la barra lateral, pulsando en el botón **Patrones** o a través del menú de **Archivo/Nuevo/Plantillas**.

Patrones-barra lateral

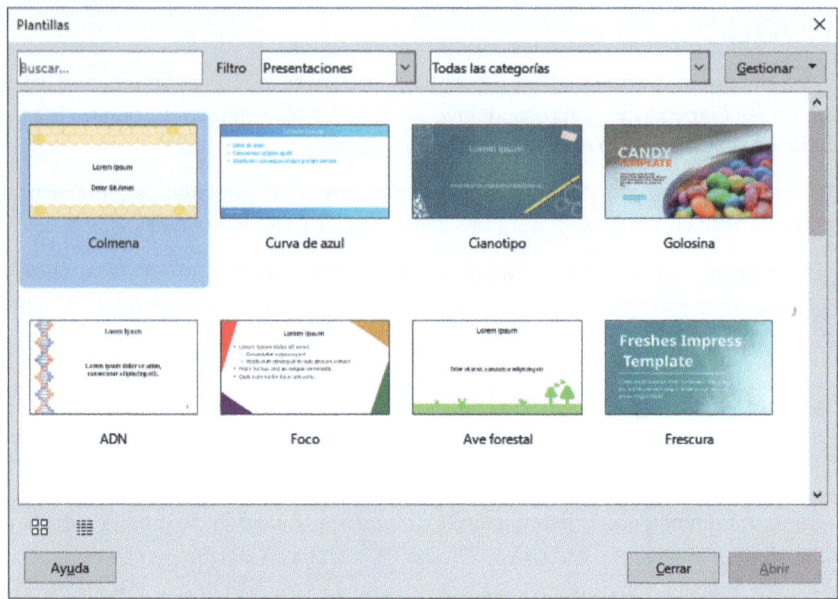

Ventana Plantillas

Una vez creada la primera diapositiva de la presentación, para aplicarle la plantilla, es suficiente con hacer clic en uno de los modelos.

Al crear nuevas diapositivas para la presentación, automáticamente se le aplicará esa misma plantilla.

Los modelos o plantillas podemos aplicarlos a diferentes diapositivas de la presentación. Para ello haremos clic con el botón derecho del ratón encima de la plantilla seleccionada y seleccionaremos entre las opciones que se prestan:

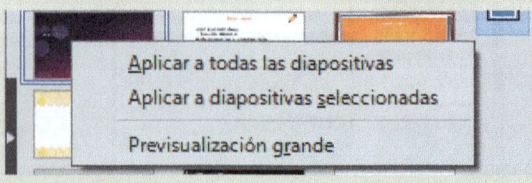

Aplicar a todas las diapositivas/Aplicar a diapositivas seleccionadas

1.2. Diseños de diapositivas

El diseño de una diapositiva está formado por todos los elementos que se pueden insertar en ella y por las orientaciones para la disposición de los mismos.

El programa ofrece modelos que facilitan la colocación de los elementos de la diapositiva mediante marcadores de posición que determinan la posición de los textos, viñetas, gráficos, imágenes prediseñadas, etc.

Estos diseños permiten organizar los objetos y el texto de las diapositivas, y son parte del patrón de diapositivas que define la posición del contenido de las diapositivas.

Se accede a ellos a través de la opción **Disposición** del menú **Diapositiva**.

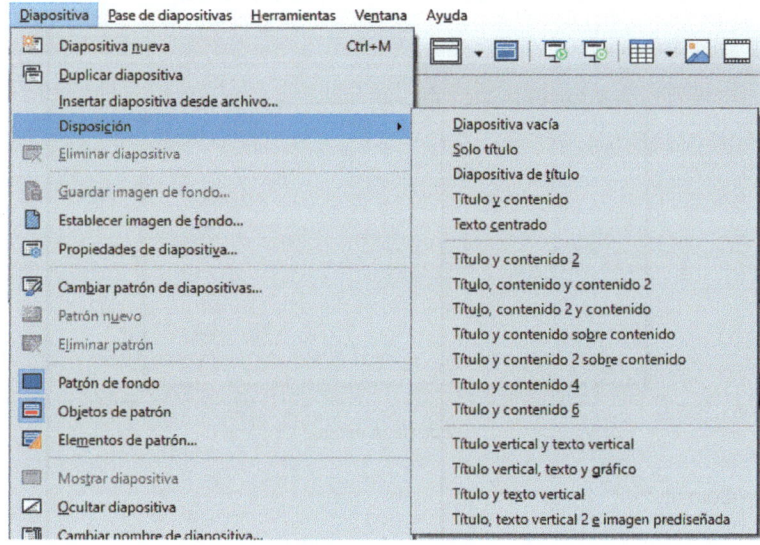

Menú Diapositiva

1.3. Diseños estándar

Cuando se abre una presentación sin utilizar ninguna plantilla, aparece el diseño predeterminado de Impress que se denomina **Diapositiva de título**.

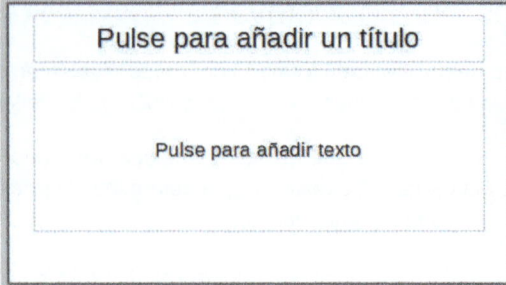

Diapositiva de título

Hay otros diseños estándar que se pueden aplicar y utilizar:

■ Diapositiva vacía.

Diapositiva vacía

■ Solo título.

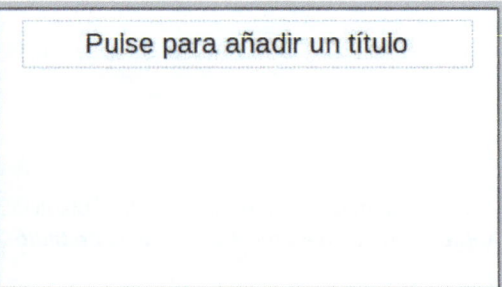

Solo título

■ Título y contenido.

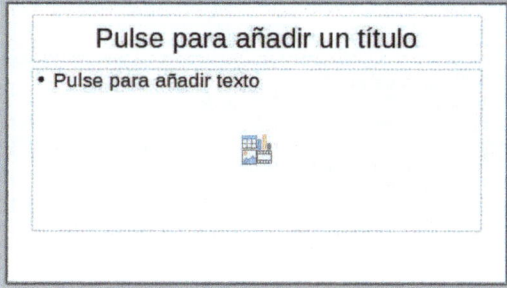

Título y contenido

■ Texto centrado:

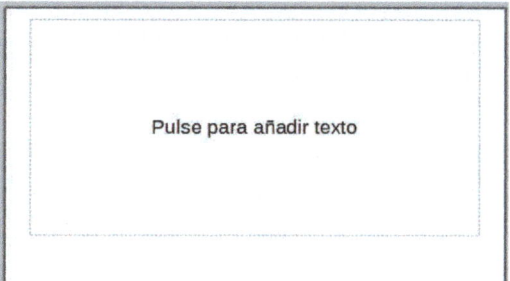

Texto centrado

■ Título y contenido 2:

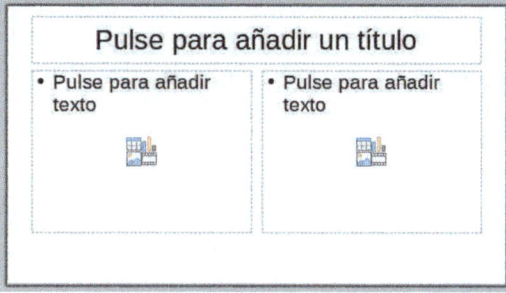

Título y contenido 2

▪ Título contenido y contenido 2:

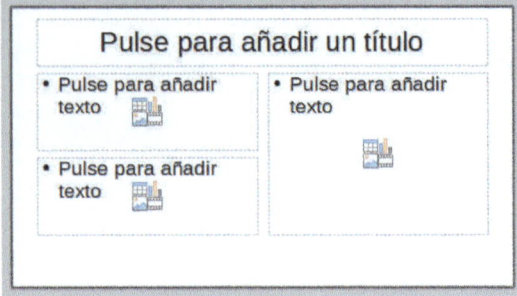

Título contenido y contenido 2

▪ Título y contenido sobre contenido:

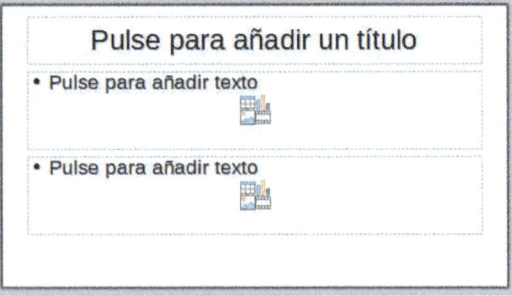

Título y contenido sobre contenido

▪ Título y contenido 2 sobre contenido:

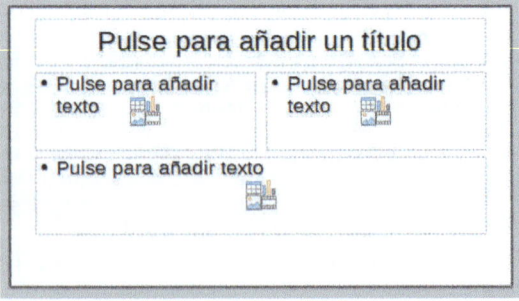

Título y contenido 2 sobre contenido

■ Título y contenido 4:

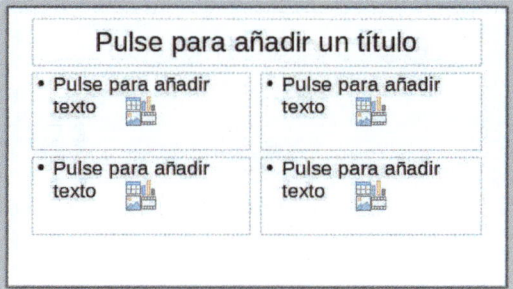

Título y contenido 4

■ Título y contenido 6:

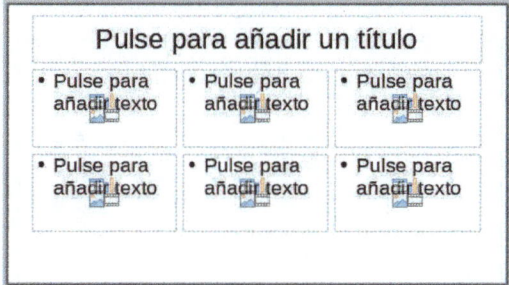

Título y contenido 6

■ Título vertical y texto vertical:

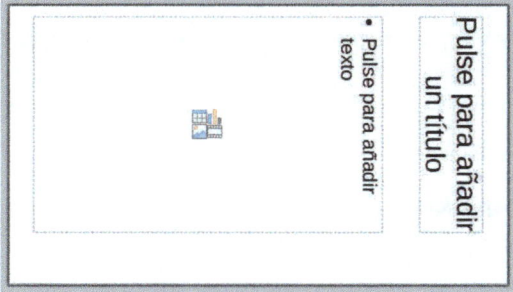

Título vertical y texto vertical

■ Título y texto vertical:

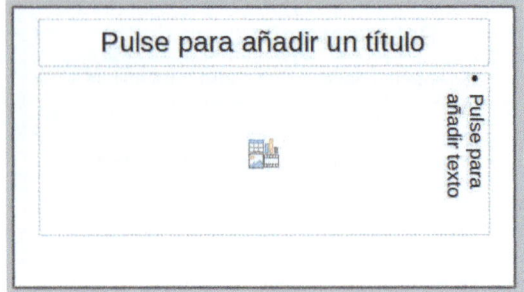

Título y texto vertical

■ Título texto vertical 2 e imagen prediseñada:

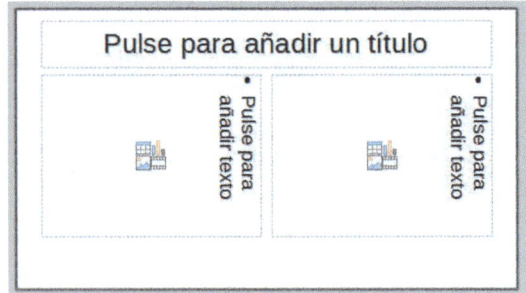

Título texto vertical 2 e imagen prediseñada

1.4   Aplicar un diseño a una diapositiva

✳ Seleccionamos la diapositiva a la que deseamos aplicar un nuevo diseño.

✳ Menú *Diapositivas*.

✳ Opción *Disposición*.

✳ Elegimos el diseño que deseamos aplicar a la diapositiva.

2. Combinación de colores

Aplicar una plantilla a las diapositivas de la presentación o un color de fondo nos permitirá elaborar una presentación cuyas diapositivas tengan distintos fondos.

Podemos utilizar un fondo para que contengan información gráfica, otro distinto que contenga más texto, etc. Ello nos permitirá identificar la finalidad comunicativa de cada una de ellas.

Otra cuestión a tener en cuenta son las características de la diapositiva. Si estamos trabajando con texto claro, es recomendable que utilicemos un fondo oscuro para facilitar la lectura. Si, por el contrario, estamos utilizando un texto oscuro debemos escoger un fondo claro para que se pueda leer sin problemas.

Es importante la correcta combinación de los colores, tanto de los contenidos como del fondo, para facilitar la lectura o visualización de la dispositiva y que tanto las imágenes como el texto se vean de forma correcta y clara.

3. Fondos de diapositivas

Si deseamos personalizar el fondo de la diapositiva, podremos hacerlo de dos formas:

Aplicando una imagen de fondo directamente:

→   Clic en el menú ***Diapositiva***.

→   Opción ***Establecer imagen de fondo***.

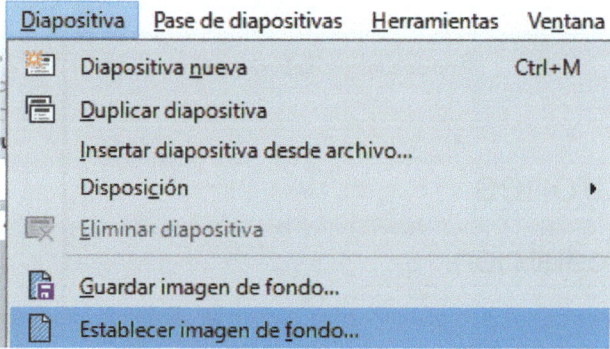

Diapositiva/Establecer imagen de fondo

→   Se nos muestra el cuadro de diálogo *Establecer imagen de fondo* para loca-
     lizar en nuestro equipo la ubicación de la imagen.

Modificando las propiedades de la diapositiva:

● Clic en el menú *Diapositiva*.

● Opción *Propiedades de la diapositiva*.

● Se muestra el cuadro de diálogo *Propiedades de diapositiva* y, en la ficha
  Fondo, disponemos de varias opciones.

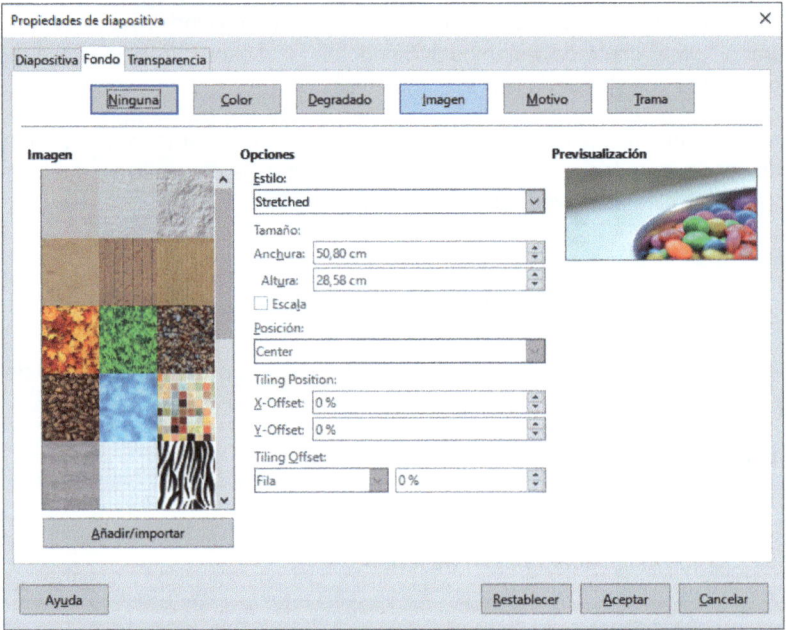

Propiedades de diapositiva/Fondo

4. Patrones

4.1. Introducción

Un patrón es parte de la plantilla en la que se almacena la información común a
las diapositivas, notas o folletos de una presentación.

En Impress disponemos de los siguientes patrones:

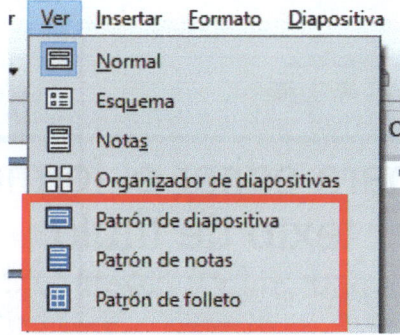

Menú Ver

◆ **Patrón de diapositivas**:

Almacena la información sobre los estilos, fuentes, etc. que afectan a las diapositivas.

◆ **Patrón de notas**:

Almacena el formato de las notas para el orador.

◆ **Patrón de folleto**:

Almacena el formato para la impresión del folleto.

4.2. Patrón de diapositivas

4.2.1. Introducción

En el patrón de diapositivas se almacenará la información común a las diapositivas. Esta información puede ser:

■ La posición del texto y de los objetos de la diapositiva.

■ El tamaño de los marcadores de posición de texto y objetos.

■ Los estilos de texto.

■ Los fondos.

■ Los efectos.

■ Las animaciones.

Cuando accedemos al patrón de diapositivas (Ver/Patrón de diapositiva) se activará la barra de herramientas de vista de patrón:

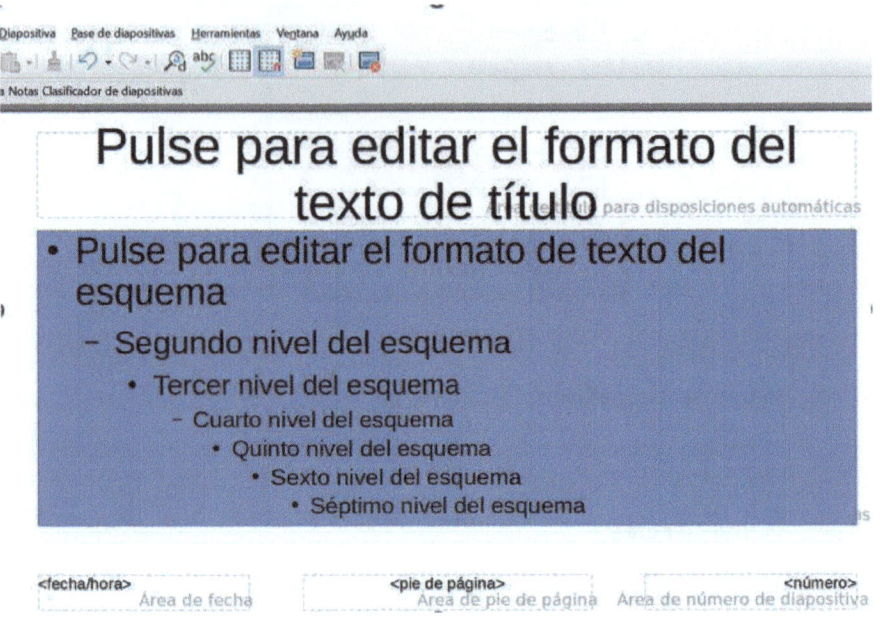

4.2.2. Crear patrón de diapositivas

Para crear un nuevo patrón de diapositivas:

* Primero seleccionamos **Ver/Patrón de diapositivas**.

* En la barra de herramientas de vista de patrón hacemos clic en el botón **Patrón nuevo**.

Patrón nuevo

4.2.3. Aplicar un patrón

Para aplicar un patrón a una o a todas las diapositivas de la presentación realizaremos los siguientes pasos:

→   Clic en el icono **Patrón de diapositivas** de la barra lateral.

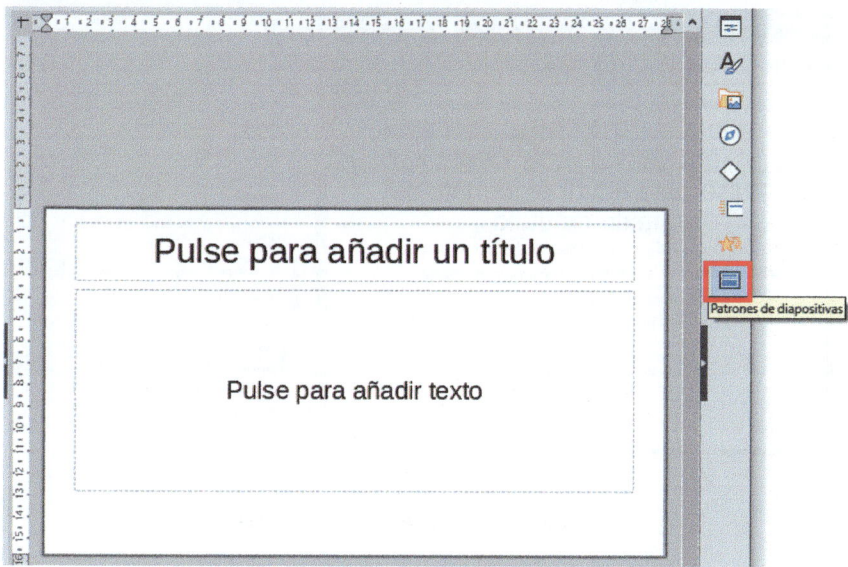

Patrones de diapositiva

→   Pulsamos el botón derecho en el patrón que deseamos aplicar y seleccionamos **Aplicar a todas las diapositivas o Aplicar a la diapositiva seleccionada**.

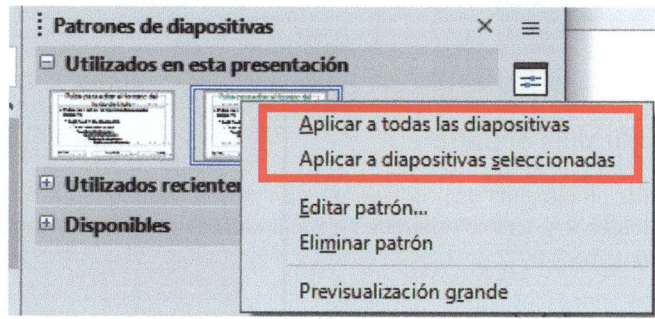

Menú contextual

4.2.4. Modificar patrón de diapositivas

Para modificar un patrón de diapositivas los pasos son muy parecidos a los de crear el patrón.

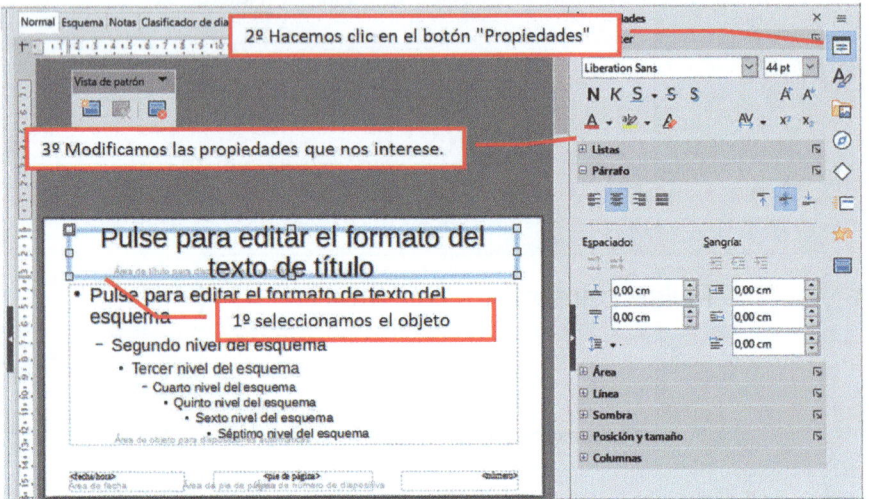

Pasos para modificar el patrón de diapositivas

Cualquier cambio que realicemos en el patrón afectará a todas las diapositivas que tengan aplicado ese patrón.

4.2.5. Añadir pies al patrón

Para añadir un pie a las diapositivas lo haremos en el patrón. Para ello, debemos tener insertados en los distintos patrones los marcadores de <Fecha/Hora>, <pie de página> y <número>.

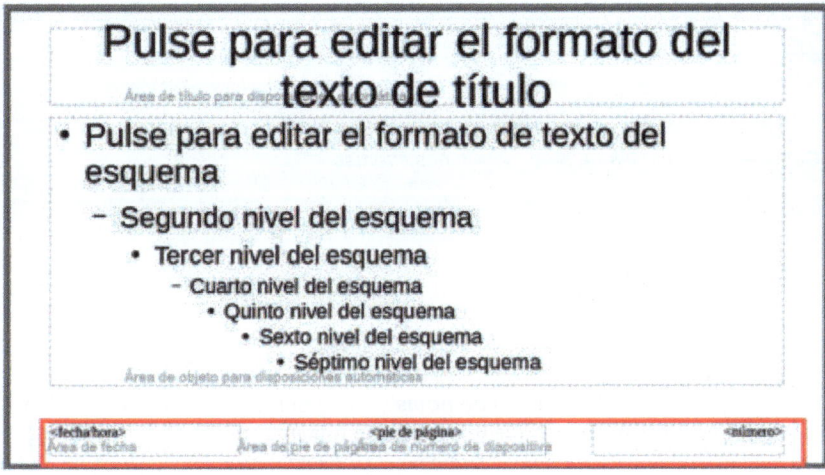

Pie de página

Esos marcadores podemos desplazarlos, cambiarles el tamaño o aplicarles formato.

En el caso de que por error eliminemos estos marcadores o, habiéndolos eliminado, deseemos añadirlos, debemos seguir los siguientes pasos:

♦ *Menú de Diapositiva/Elementos de patrón.*

♦ *En el cuadro de diálogo Elementos del patrón podremos activar o desactivar la fecha, el pie o el número de diapositiva.*

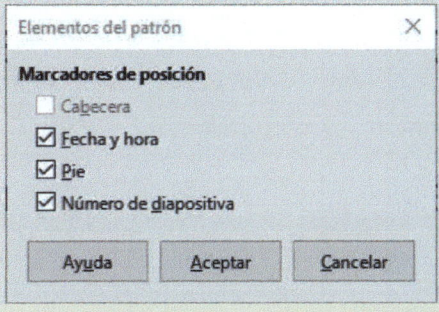

Elementos del patrón

*Si el patrón que tenemos visualizado es el de nota o folletos, se nos activará la casilla **Cabecera**, para activarla o no, según nos interese.*

4.3. Patrón de notas

Para crear un patrón de notas:

- Seleccionamos **Ver/Patrón de notas** y, en la barra de herramienta de la vista patrón, hacemos clic en el botón **Patrón nuevo**.

- Una vez tenemos creado nuestro patrón, guardamos la presentación como fichero de plantilla para poderla utilizar como base para crear otras presentaciones.

4.4. Patrón de folletos

Podemos imprimir la presentación en forma de folletos para que el público pueda leer la presentación a posteriori.

El patrón de folletos nos permite definir el formato de esos folletos que vamos a entregar a los asistentes.

Cada uno de los cuadrados que aparecen en el patrón corresponden a la posición en la que se imprimirá cada diapositiva.

Resumen

En esta unidad:

- Hemos aprendido a utilizar las combinaciones de colores para realzar los diseños.

- Se ha visto cómo emplear las fuentes y su aplicación al diseño general de la presentación.

- Hemos explicado los patrones de diapositiva, notas y folletos.

UNIDAD
DIDÁCTICA

7

Impresión de diapositivas en diferentes soportes

Objetivos

- ⊡ Aplicar configuración a la página para imprimir la presentación.

- ⊡ Desarrollar documentos impresos para los asistentes a nuestra presentación.

- ⊡ Analizar el funcionamiento de Vista preliminar y la configuración de los documentos.

- ⊡ Planificar la impresión de diapositivas en diversos formatos.

Contenido

Introducción

Al crear una presentación en Impress nos vamos a encontrar con la necesidad de imprimir la presentación.

Además de imprimir las dispositivas de la presentación, también podremos imprimir en modo esquema, imprimir un folleto para entregar a los asistentes o imprimir las notas insertadas en las diapositivas para el orador.

1. Configuración de la página

Una de las primeras tareas a realizar antes de imprimir una presentación de diapositivas es configurar la página o el formato de salida de nuestra presentación.

Para configurar la página seleccionamos menú ***Diapositiva/Propiedades de la diapositiva:***

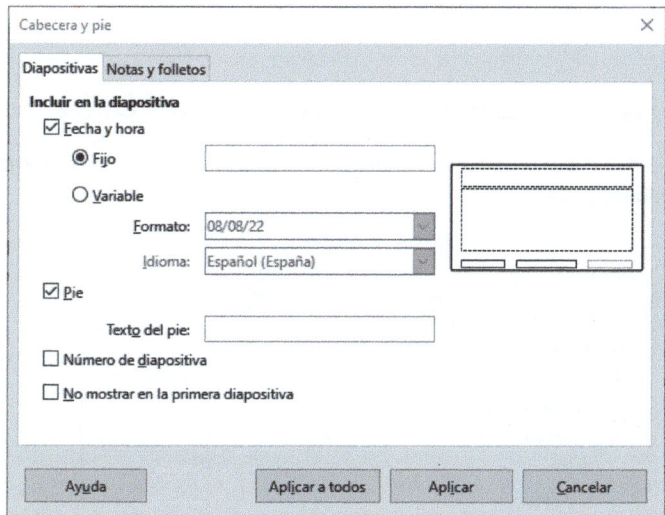

Cabecera y pie/Diapositivas

■ **Formato de papel**:

En la lista desplegable ***Formato*** podremos seleccionar entre distintos formatos tanto de papel, como de configuración de pantalla. Según el formato seleccionado, automáticamente los cuadros ***Anchura*** y ***Altura***, muestran la medida que corresponde a ese formato.

Las opciones **Vertical** u **Horizontal** nos permite definir la orientación de la página.

■ **Márgenes:**

Nos permite establecer los márgenes superior, inferior, derecho e izquierdo.

■ **Bandeja de papel:**

Aquí definiremos el origen del papel en la impresora. Dependiendo de la impresora que tengamos instalada, nos pueden aparecer más o menos opciones.

■ **Fondo:**

La ficha **Fondo** nos permite escoger entre distintos tipos de fondo para añadir a nuestras diapositivas.

■ **Transparencia:**

La ficha **Transparencia** nos permite definir las opciones de transparencia para el fondo seleccionado.

2. Encabezados, pies y numeración

Para añadir un pie o cabecera a las diapositivas, notas o folletos vamos a menú **Insertar/Cabecera y pie:**

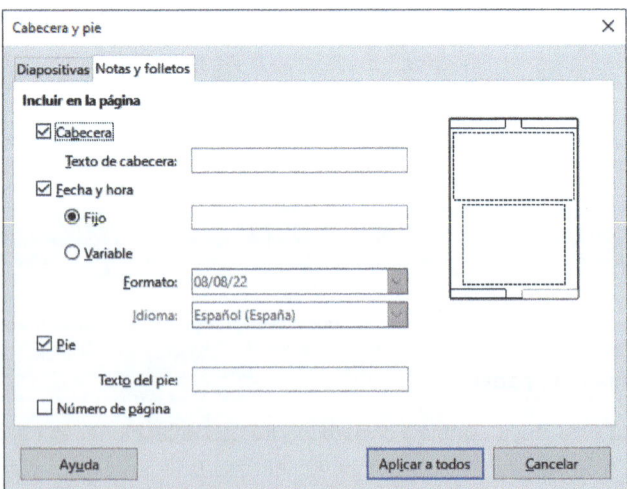

Cabecera y pie/Diapositivas

* **Fecha y hora:**

Si marcamos la casilla *Fijo* se mostrará la fecha que indiquemos en el cuadro texto. Si marcamos la casilla *Variable* la fecha se actualizará al abrir la presentación, pudiendo escoger el formato de la fecha que deseamos para el pie.

* **Pie:**

Nos permite insertar un texto en el cuadro Pie de página del patrón de diapositivas.

* **Número de diapositiva:**

Añade el número de la diapositiva.

* **No mostrar en la primera diapositiva:**

No se muestra en la primera diapositiva de la presentación ni el texto del pie ni el número de diapositiva.

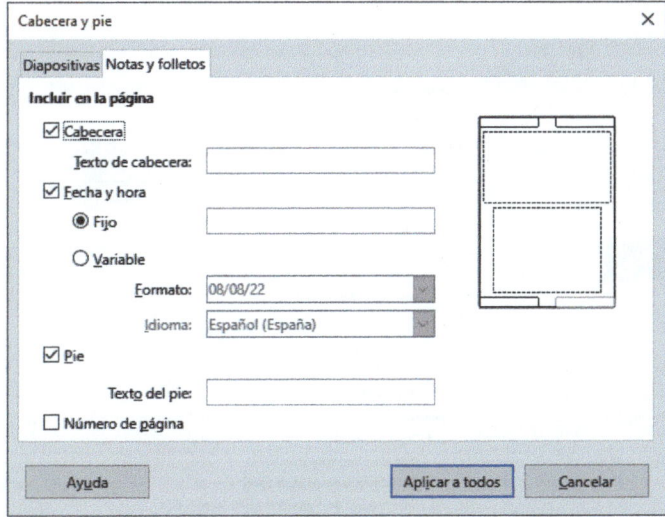

Cabecera y pie/Notas y folletos

* **Cabecera**:

Nos permite insertar un texto en el cuadro **Texto de cabecera.**

* **Fecha y hora:**

Si marcamos la casilla *Fijo* se mostrará la fecha que indiquemos en el cuadro texto que hay a continuación. Si marcamos la casilla *Variable*, la fecha se actualizará al abrir la presentación, pudiendo escoger el formato de la fecha que deseamos para el pie.

✳ **Pie:**

Nos permite insertar un texto en el cuadro **Pie de página**.

✳ **Número de página:**

Añade el número de la diapositiva.

3. Configuración de los distintos formatos de impresión

Impress nos ofrece una gran variedad de formatos a la hora de imprimir una presentación. Para acceder a los distintos tipos vamos a menú **Archivo/Imprimir**:

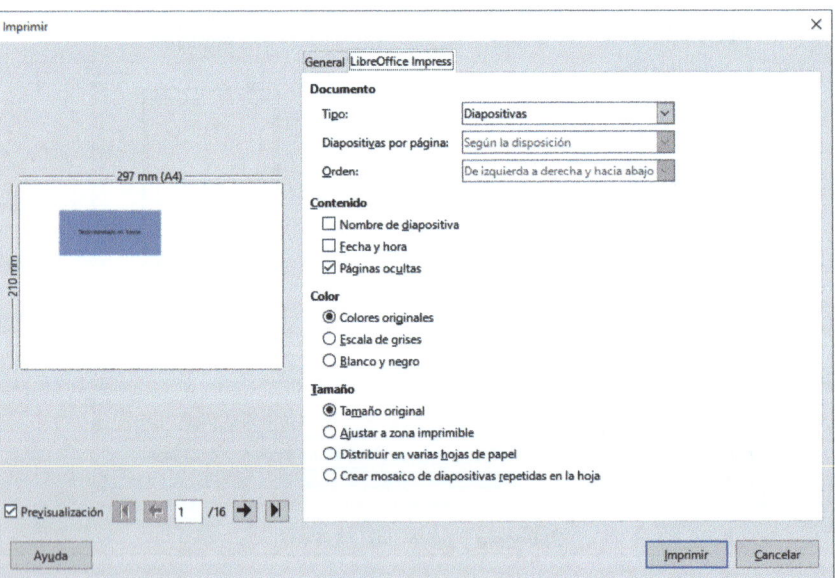

Imprimir

→ **Documento**:

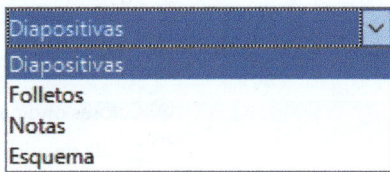

♦ **Diapositivas**:

Se imprime una diapositiva por página y las notas que se hayan incluido en la zona correspondiente.

♦ **Folletos**:

Al seleccionar esta opción podremos seleccionar el número de diapositivas por página y el orden en que se imprimen en la hoja.

♦ **Notas**:

Al seleccionar esta opción podremos seleccionar el número de diapositivas por página y el orden en que se imprimen en la hoja.

♦ **Esquema**:

El resultado impreso es idéntico al que se visualiza en la vista esquema de una presentación. Es decir, aparecen los títulos y texto principal de cada diapositiva. A la izquierda de estos, un icono que representa a la diapositiva y el número de esta.

→ **Contenido:**

En este apartado podemos escoger si queremos imprimir el nombre de la diapositiva, la fecha o las diapositivas que estén ocultas.

Contenido

→ **Color:**

Seleccionaremos si querernos imprimir con los colores originales, en escala de grises o en blanco y negro.

Color

◉ Colores originales

○ Escala de grises

○ Blanco y negro

Color

→ **Tamaño:**

Tamaño

◉ Tamaño original

○ Ajustar a zona imprimible

○ Distribuir en varias hojas de papel

○ Crear mosaico de diapositivas repetidas en la hoja

Tamaño

También podemos acceder al cuadro de diálogo imprimir con la combinación de teclas Ctrl + P.

4. Opciones de impresión

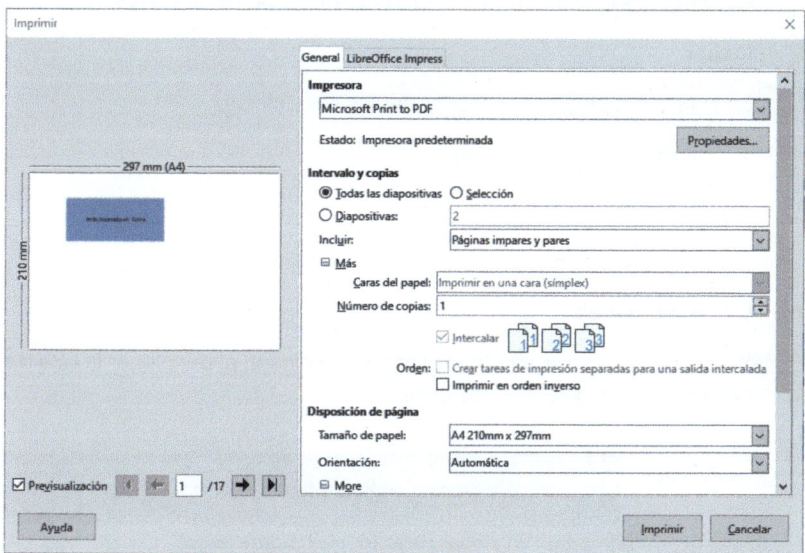

Imprimir

- **Impresora:**

    Impress ofrece la posibilidad de seleccionar la impresora con la que deseamos realizar la impresión.

Impresora

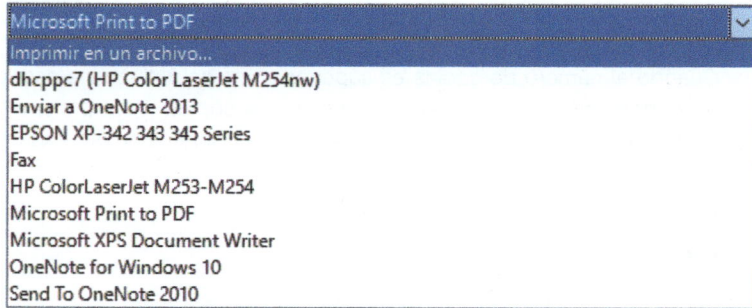

Impresora

● **Intervalo y copias:**

Muestra el modo de impresión (por defecto: ***Imprimir todas las diapositivas***). Si deseamos imprimir solo las diapositivas seleccionadas, activamos el botón ***Selección*** y especificamos el rango de diapositivas a imprimir.

● **Incluir:**

En la lista desplegable Incluir podemos seleccionar:

◆ Páginas pares e impares.

◆ Páginas impares.

◆ Páginas pares.

● **Caras del papel:**

Si la impresora nos permite imprimir a doble cara, al desplegar la lista disponemos de las siguientes opciones:

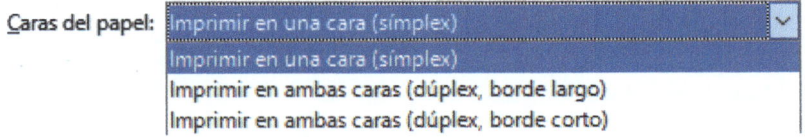

Caras del papel

● **Número de copias:**

Nos muestra una caja de texto en la que se puede escribir el número de copias deseado. Pulsando en las flechas de arriba abajo también se puede determinar el número.

● **Intercalar:**

Cuando el número de copias es superior a una se activa esta casilla en la que podemos seleccionar entre intercalar las copias (se imprimen las presentaciones enteras, una detrás de otra) o no intercalar (se imprimen las copias seleccionadas de cada hoja individualmente, primero x copias de la primera, x de la segunda, etc.)

● **Orden:**

Permite definir el orden en que se imprimirán las páginas:

◆ ***Crear tareas de impresión para una salida intercalada***. Si está activada, crea copias intercaladas.

◆ ***Imprimir en orden inverso***. Si está activada comienza a imprimir desde la última hoja a la primera.

● **Tamaño del papel:**

Seleccionaremos el tamaño de papel en el que vamos a realizar la impresión.

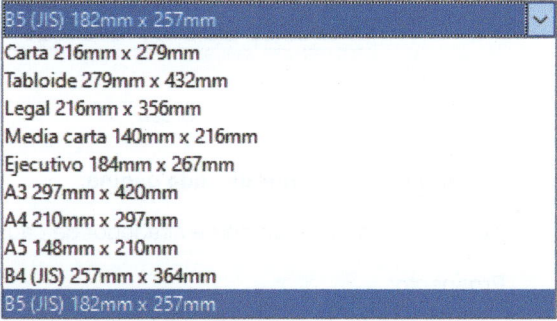

Tamaño de página

● **Orientación:**

Nos permite definir si la orientación del papel es vertical, horizontal o automática (se aplicará la orientación que tengamos definida en la configuración de la diapositiva).

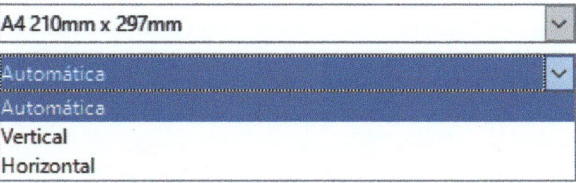

Orientación

● **Páginas por hoja:**

Indicaremos el número de páginas que deseamos imprimir en cada hoja. Podremos seleccionar entre 1 y 16 página por hoja o personalizado para definir otra configuración.

- **Orden:**

  Seleccionaremos el orden en el que se realizará la impresión.

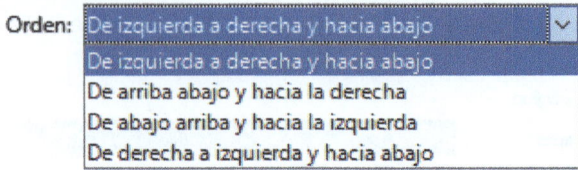

Orden

- **Trazar borde alrededor de cada página:**

  Nos permite imprimir un borde alrededor de cada página.

- **Prospecto:**

  Podemos seleccionar esta opción para imprimir las diapositivas en modo prospecto o folleto.

Resumen

En esta unidad:

- Se ha visto cómo generar documentación impresa para los asistentes a nuestra presentación.

- Se ha aprendido a imprimir diapositivas en diversos formatos.

- Se ha estudiado cómo añadir encabezados y pies de página, así como numerar las diapositivas de una presentación.

UNIDAD DIDÁCTICA 8

Presentación de diapositivas teniendo en cuenta el lugar e infraestructura

Objetivos

- ⊡ Desarrollar competencias para añadir efectos especiales a la exposición de una presentación

- ⊡ Planificar la configuración de cada elemento de animación, al igual que las transiciones.

- ⊡ Aplicar los procedimientos para exponer presentaciones y crear presentaciones personalizadas.

- ⊡ Analizar las herramientas que nos permiten proteger la presentación.

Contenido

Introducción

En esta unidad veremos los aspectos generales a tener en cuenta para la creación de una presentación. Elegir el método de creación de una presentación dependiendo del modo final de visualización, hasta determinar los movimientos que vayan a ocurrir al paso de una diapositiva a otra, así como los efectos que se van a utilizar para animar los objetos que contienen.

También veremos las formas de proteger la presentación para evitar cambios o modificaciones de personas no autorizadas y mantener la integridad de la presentación.

1. Animación de elementos

1.1. Introducción

Impress incorpora diversas herramientas destinadas a animar y realzar la exposición de una presentación. Para ello, en la barra lateral incorpora dos botones: *Animación* y *Transiciones entre diapositivas*.

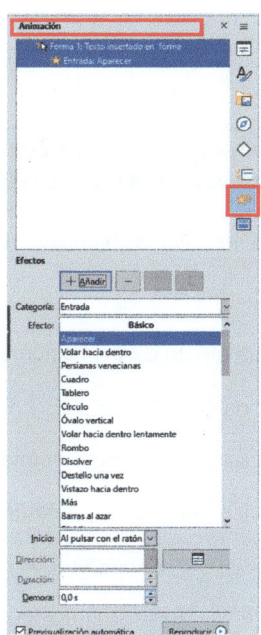

Transición entre diapositivas y Animación

*También podemos acceder a estas opciones a través del menú **Ver/Animación** para acceder a las animaciones, o del menú **Diapositiva/Transición de diapositivas** para aplicar las transiciones.*

1.2. Agregar un efecto de animación

Se puede animar una diapositiva agregando un efecto visual o sonoro a cualquier texto u objeto incluido en la misma.

La forma más sencilla de diseñar presentaciones con animaciones es utilizar los efectos de animación estándar integrados en los elementos, el patrón de diapositivas y los diseños de diapositivas. Aunque también existe la posibilidad de crear animaciones personalizadas, tanto para los elementos de una diapositiva como para los marcadores de posición.

La mayoría de las opciones de animación tienen efectos asociados entre los que se pueden elegir para adaptar el efecto a la diapositiva. Estos efectos incluyen opciones que permiten reproducir un sonido con la animación o animaciones de texto que se pueden aplicar a una letra, a una palabra o a todo el párrafo.

Para aplicar un efecto de animación estándar a un texto o un objeto:

■ Seleccionamos el texto u objeto.

■ Hacemos clic en el botón ***Animación*** de la barra lateral.

■ Pulsamos en el botón de ***Añadir***.

■ Seleccionamos la categoría de la animación.

■ Y, por último, seleccionamos el efecto de animación que queramos del cuadro de lista ***Efecto***.

Podemos aplicar distintos efectos de animación al mismo objeto o a distintos objetos de la diapositiva.

Según se vayan aplicando se irán colocando en el mismo orden en el que se han definido y en ese orden será en el que se ejecuten. Aunque podemos modificar el orden utilizando los botones **Subir** *o* **Bajar** *que tenemos en la parte inferior.*

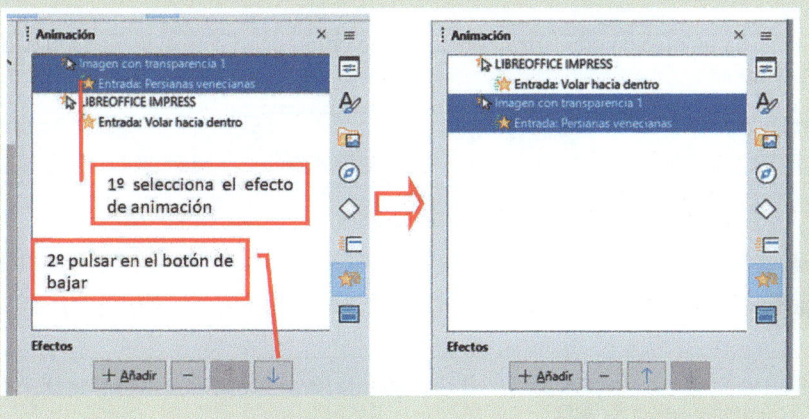

Cambiar el orden de los efectos de animación

1.3. Personalizar animación

Aunque utilicemos las animaciones predefinidas que nos facilita Impress, podemos personalizar algunas de sus características:

✴ **Inicio:**

Podemos definir cuándo debe iniciarse el efecto de animación seleccionado. Para ello disponemos de las opciones siguientes:

◆ **Al pulsar**: la animación se detiene en este efecto hasta la siguiente pulsación del ratón.

◆ **Con anterior**: la animación se ejecuta al instante.

◆ **Después de anterior**: la animación se ejecuta en cuanto finaliza la animación anterior.

✳ **Duración:**

Especifica la duración del efecto de animación seleccionado.

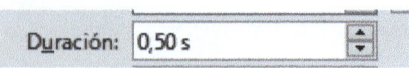

Duración

✳ **Demora:**

La animación comienza con un atraso correspondiente al tiempo indicado.

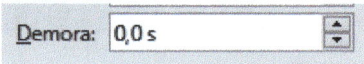

Demora

Las características de la animación no siempre se mostrarán activas, dependerá del tipo de efecto seleccionado.

1.4. Eliminar un efecto de animación

Para eliminar un efecto de animación aplicado a un elemento de la diapositiva:

→ Seleccionaremos el texto u objeto que contiene la animación que queremos eliminar.

→ En el panel lateral seleccionaremos la animación que deseamos eliminar.

→ Pulsamos en el botón **Quitar efecto**.

En el caso de suprimir o quitar varios efectos hay que repetir el proceso las veces que sean necesarias.

1.5.   Opciones de efectos

Si pulsamos el botón **Opciones** que tenemos en la barra lateral podemos visualizar más opciones de efectos:

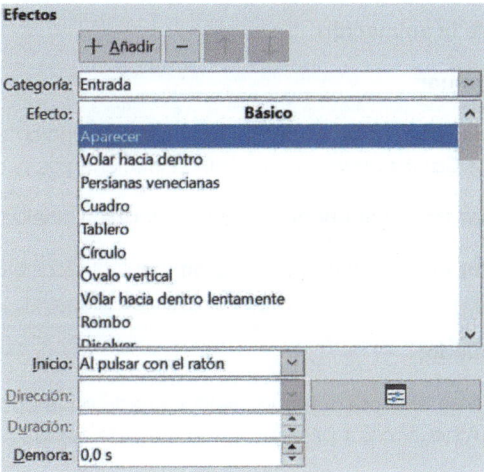

Efectos

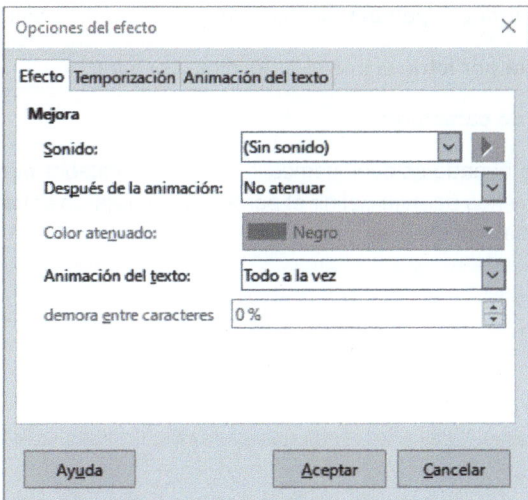

Efecto

- **Sonido**:

  Permite definir un sonido al efecto, pudiendo seleccionar entre los sonidos de la galería o elegir uno que tengamos en nuestro equipo.

  Si pulsamos el botón situado en la parte derecha se reproduce el sonido.

- **Después de la animación**:

  - **No atenuar**.

  - **Atenuar con color**. Si seleccionamos esta opción se activa el cuadro inferior *Color atenuado* para que seleccionemos el color.

  - **Ocultar tras la animación**: oculta la forma al finalizar la animación.

  - **Ocultar en la próxima animación**: oculta la forma en la siguiente animación.

- **Color atenuado:**

  Este cuadro se activará si hemos seleccionado en la opción Después de la animación/Atenuar color para indicar el color de atenuación.

- **Animación del texto:**

  - **Todos a la vez**: anima todo el texto a la vez.

  - **Palabra por palabra**: anima el texto palabra por palabra.

  - **Letra por letra**: anima el texto letras por letra.

- **Demora de caracteres:**

  Se activa cuando seleccionamos las opciones *Palabra por palabra* o *Letra por letra* y nos permite definir el porcentaje de retardo entre las animaciones de las palabras o las letras.

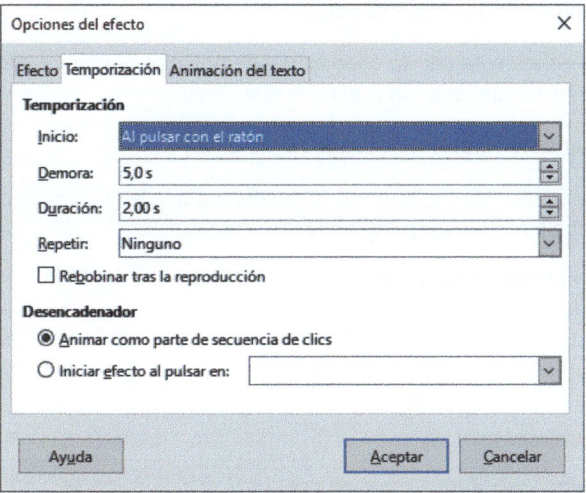

Temporalización

- **Inicio**:

  Nos permite indicar el inicio del efecto.

  - ◆ **Al pulsar con el ratón**. La animación se detendrá en este efecto hata que hagamos una pulsación con el ratón.

  - ◆ **Con anterior**. La animación se ejecuta al instante.

  - ◆ **Después del anterior**. La animación se ejecuta en cuanto finaliza la animación anterior.

- **Demora:**

  Nos permite definir el retardo adiciona de "x" segundos, antes de que se inicie el efecto.

- **Duración:**

  Nos permite definir la duración del efecto.

- **Repetir**:

  Podemos establecer que se repita el efecto y de qué forma.

  Deberemos indicar la cantidad de repeticiones o seleccionar un valor de la lista.

- **Rebobinar tras la reproducción:**

  Activaremos esta casilla cuando deseemos que el objeto animado vuelva a su estado inicial cuando finalice la animación.

- **Animar como parte de secuencia de clics:**

  Activaremos esta casilla cuando deseemos que la animación comience en la secuencia normal de pulsaciones del ratón.

- **Iniciar efecto al pulsar en:**

  Nos permite configurar que la animación comience cuando se pulse en una forma determinada.

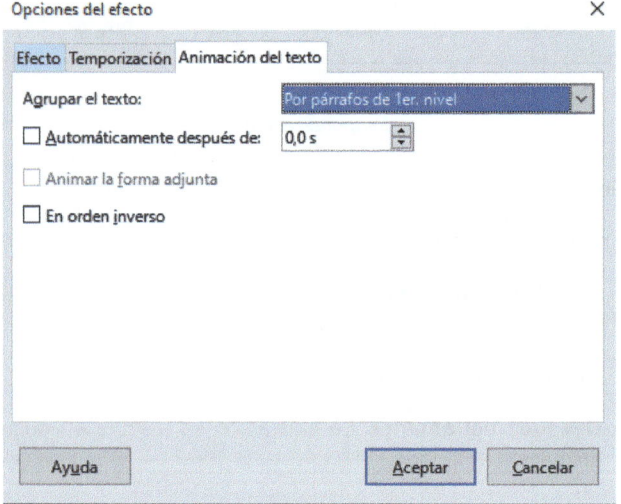

Animación del texto

- **Agrupar el texto**:

  Nos permite definir de qué manera se animan los conjuntos de los párrafos.

  - **Como un objeto**: todos los párrafos son animados con uno solo.

  - **Todos los párrafos a la vez**: todos los párrafos son animados a la vez, pero podemos aplicarles efectos distintos.

  - **Por el 1er párrafo de nivel**: los párrafos de primer nivel, incluidos los párrafos del subnivel, se animan uno después del otro.

- **Automáticamente después de:**

Si hemos seleccionado anteriormente, en *Agrupar el texto,* la opción *Por párrafos de 1er nive*l, podremos indicar el retardo en segundos para animar los siguientes párrafos.

- **Animar de forma adjunta:**

Si el texto esta insertado en una forma, debemos activar esta casilla si deseamos animar el texto y la forma.

- **En orden inverso:**

Cambia el orden de animación de los párrafos.

2. Transición de diapositivas

2.1. Introducción

La transición de diapositivas la podemos definir como la forma animada en la que una diapositiva da paso a la siguiente.

Para aplicar una transición a las diapositivas podemos hacerlo de dos maneras:

- A través de la barra lateral, pulsando en el botón *Transición entre diapositivas.*

- Haciendo clic en el menú *Diapositivas* y seleccionando *Transición entre diapositivas*.

En ambos casos, se nos mostrarán en la barra lateral diferentes tipos de transición que podremos aplicar a todas las diapositivas de la presentación o aplicar distintas transiciones para cada diapositiva.

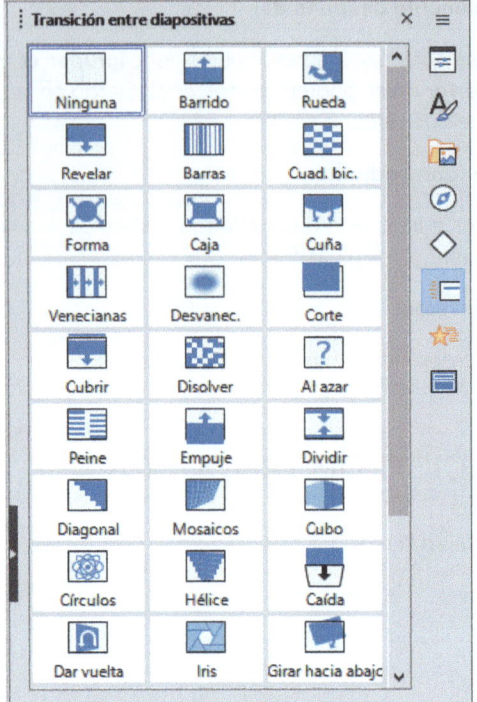

Transición de diapositivas

2.2. Definir un efecto de transición

Para aplicar un efecto de transición a una o varias diapositivas realizaremos los siguientes pasos:

* Seleccionamos la diapositiva o diapositivas a las que deseamos aplicar el efecto de transición.

* En la barra lateral hacemos clic sobre el efecto de transición que deseamos aplicar.

* Al seleccionar el efecto de transición ya vemos cómo se aplica a la diapositiva o diapositivas seleccionadas si tenemos activada la casilla ***Previsualización automática*** en la barra lateral.

Las diapositivas que tengan aplicado un efecto de transición aparecen, en el panel de diapositivas, con una estrella en la parte inferior izquierda de la diapositiva.

*Si deseamos volver a ver una previsualización del efecto de transición, pulsamos en el botón **Reproducir** de la barra lateral.*

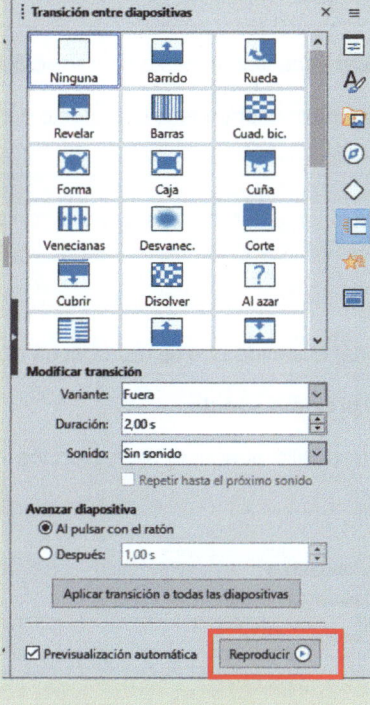

Botón Reproducir de la barra lateral

2.3. Opciones de transición

Debajo de la lista de los efectos de transición disponemos de varias opciones para modificar la velocidad, añadirle sonido, etc.

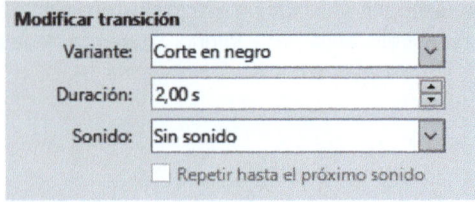

Modificar transición

* **Variante**:

  Nos permite aplicar variantes al efecto de transición.

  Las opciones disponibles dependerán del efecto de transición seleccionado.

* **Duración**:

  Nos permite establecer la duración de la transición para hacerla más lenta o más rápida.

* **Sonido**:

  Permite seleccionar el sonido que se reproducirá durante la transición.

* **Repetir hasta el próximo sonido**:

  Si activamos esta casilla el sonido se reproduce hasta que empiece otro sonido.

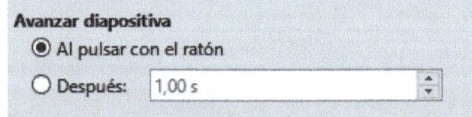

Avanzar diapositiva

* **Al pulsar con el ratón:**

  Seleccionaremos esta opción si, para pasar a la siguiente diapositiva, tenemos que hacer una pulsación del ratón.

* **Después:**

  Seleccionaremos esta opción si deseamos avanzar a la siguiente diapositiva después de los segundos indicados.

3. Intervalo de tiempo

LibreOffice nos permite definir los intervalos de tiempo para los cambios de diapositiva, de forma que la presentación se ejecutará teniendo en cuenta dichos intervalos.

Si la presentación tiene aplicadas animaciones o efectos de transición, el cronómetro no comenzará a contar hasta que no finalice su ejecución.

Para establecer los intervalos de tiempo debemos hacer clic en el menú **Pase de diapositivas** y seleccionar la opción **Presentación cronometrada**.

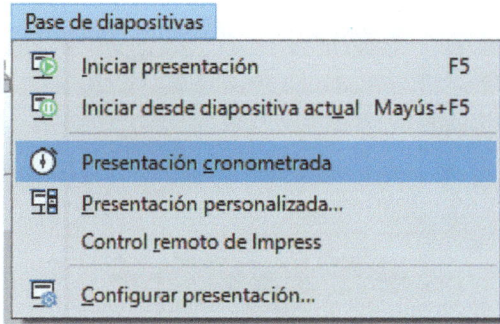

Pase de diapositivas/Presentación cronometrada

4. Configuración de la presentación

4.1. Presentación con orador y presentación en exposición

Una **presentación con orador** será expuesta mediante una persona, normalmente el autor.

En este tipo de presentación se debe tener muy claro cuál va a ser el tipo de interacción con el espectador y configurar de manera óptima todos los intervalos y animaciones.

En el caso de una **presentación en exposición**, esta será visualizada a través de web o enviada través de correo electrónico para que los destinatarios la puedan ver cuando lo deseen.

4.2. Presentación personalizada

Para realizar una presentación personalizada hay que seguir estos pasos:

* Realizamos las diapositivas.

* Hacemos clic sobre el menú **Pase de diapositivas** y seleccionamos **Presentación personalizada**.

* Aparece un cuadro de diálogo en el que se muestran las presentaciones personalizadas ya existentes y varios botones para editarlas. Si se quiere hacer una nueva, pulsamos sobre el botón **Nuevo**.

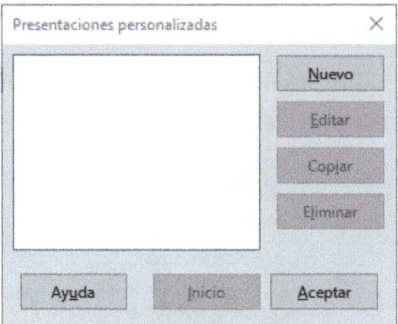

Presentaciones personalizadas

* Aparece otro cuadro de diálogo en el que se puede poner un nombre y establecer las diapositivas a mostrar.

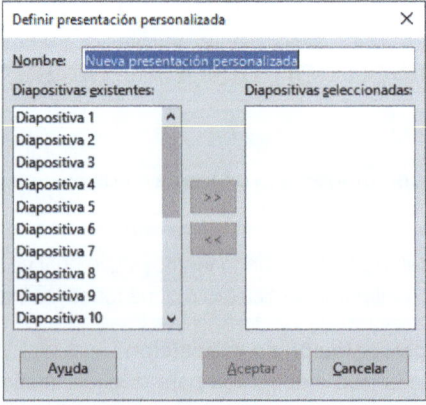

Definir presentación personalizada

✴ Pulsamos *Aceptar*.

✴ De vuelta al cuadro de diálogo ***Presentaciones personalizadas*** pulsamos en el botón ***Inicio*** para ejecutar la presentación.

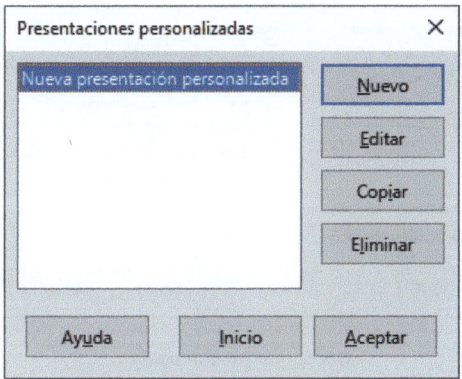

Presentaciones personalizadas

*Desde el cuadro de diálogo **Presentaciones personalizadas** también disponemos de opciones para eliminar, copiar o editar alguna de las presentaciones personalizadas de la lista.*

4.3. Elementos de configuración de una presentación

Impress ofrece más posibilidades de configuración de la presentación a través de la opción ***Configuración presentación*** del menú ***Pase de diapositivas***.

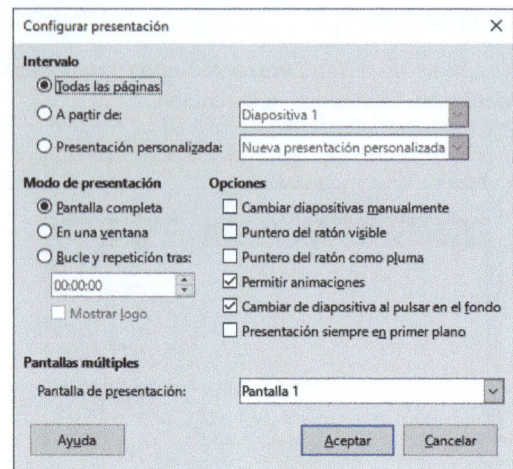

Configurar presentación

→ **Intervalo**:

◆ **Todas las páginas**: se mostrarán todas las diapositivas en la presentación.

◆ **A partir de**: nos permite definir cuál será la primera diapositiva que se muestre.

◆ **Presentación personalizada**: si tenemos creada una presentación personalizada, podremos seleccionarla en esta lista desplegable.

→ **Modo presentación:**

◆ **Pantalla completa**: la presentación se ejecutará de forma que la diapositiva ocupe toda la pantalla.

◆ **En una ventana**: la presentación se ejecutará en la misma ventana de Impress.

◆ **Bucle y repetición tras**: permite reiniciar la presentación tras la pausa que se especifique.

◆ **Mostrar logo**: en la diapositiva de pausa se muestra el logotipo de LibreOffice.

→ **Opciones:**

◆ **Cambiar diapositiva manualmente**: si activamos esta casilla las diapositivas no avanzarán automáticamente.

♦ **Puntero del ratón visible**: se mostrará el puntero del ratón durante la presentación.

♦ **Puntero del ratón como pluma**: el puntero del ratón se transforma en un bolígrafo con el que podemos dibujar en la diapositiva durante la presentación.

♦ **Permitir animaciones**: si activamos esta casilla se mostrará el GIF animado, en caso contrario, solo se mostrará el primer fotograma.

♦ **Cambiar diapositiva al pulsar en el fondo**: se avanzará a la diapositiva siguiente cuando pulsemos en el fondo de la diapositiva.

♦ **Presentación siempre en primer plano**: no se mostrará la ventana de ningún otro programa delante de la presentación.

→ **Pantallas múltiples:**

Si en nuestro equipo tenemos conectadas varias pantallas, podremos seleccionar en qué pantalla deseamos que se ejecute la presentación.

Por defecto, las diapositivas se muestran en la pantalla primaria.

5. Conexión a un proyector y configuración

Una vez se ha terminado la presentación queda la tarea de preparar los elementos para realizar una proyección.

Normalmente se presenta a través de un cañón de proyección conectado a un ordenador.

Cada proyector presenta una serie de conectores que permiten una conexión óptima. Lo más normal es que el ordenador se conecte de forma directa al cañón mediante varios tipos de cable:

● **Cable RGB**. Usado en los proyectores más antiguos. Tiene tres salidas que se conectan al proyector.

● **Cable VGA**. Es el más usado en la mayoría de las conexiones. Suele ser una conexión directa entre ordenador y proyector.

● **Cable HDMI**. Es un cable que tiene muchas ventajas sobre el anterior, ya que además de transmitir vídeo en alta calidad también se caracteriza porque puede hacerlo con el audio. Si el proyector tiene este tipo de salida el problema está solucionado.

Recomendaciones a la hora de proyectar una presentación:

◆ **Situar el proyector en la ubicación correcta** *para que la proyección sea lo más grande posible, pero sin que el proyector estorbe la visualización de los asistentes. Lo más recomendable es ponerlo en el techo.*

◆ **Proyectar un patrón de prueba**. *Algunos proyectores ya traen incorporados patrones de prueba.*

◆ **Ajustar la imagen proyectada**. *Tenemos que comprobar que el proyector esté bien nivelado y perpendicular a la pantalla. Podemos utilizar el control del zoom para dimensionar la imagen correctamente y que ocupe toda la pantalla de la proyección. También debemos ajustar el enfoque para que la imagen se vea nítida.*

◆ **Seleccionar el modo de imagen que mejor se vea**. *Algunos proyectores, al igual que los televisores tienen modos de imagen preestablecidos, por lo que debemos seleccionar en el que mejor se vea.*

6. Ensayo de la presentación

Impress tiene una opción que permite ensayar los intervalos de tiempo de transición, de forma que se pueda ajustar la ejecución o exposición de la presentación a la lectura de un texto o a cualquier otro evento que se quiera incorporar.

Una vez finalizado el ensayo se pueden emplear los tiempos registrados para que las diapositivas pasen automáticamente durante la presentación a una audiencia.

Esta función es muy apropiada para crear una presentación automática en la que no hay un orador que marque el ritmo de la presentación.

Para ejecutar la presentación podemos hacerlo de dos maneras:

● Clic en el menú ***Pase de diapositiva/Iniciar presentación***.

● Tecla de función F5.

*Si deseamos ejecutar la presentación desde la diapositiva actual seleccionaremos la opción **Iniciar desde diapositiva actual** o pulsamos la combinación de teclas Mayús + F5.*

Pase de diapositivas Herramientas	
📄 Iniciar presentación	F5
📄 Iniciar desde diapositiva actual	Mayús+F5
ⓘ Presentación cronometrada	
📄 Presentación personalizada...	
📄 Configurar presentación...	

Pase de diapositiva

7. Proyección de la presentación

7.1. Introducción

- **Presentación clásica:**

  En este tipo de presentación se visualizan todas las diapositivas que han sido diseñadas. Salvo que el orador no lo crea conveniente el orden de visualización siempre será hacia delante.

- **Presentación personalizada:**

  Este tipo de presentación permite ofrecer presentaciones distintas a diferentes grupos a partir de una única presentación.

  Se pueden crear presentaciones personalizadas que incluyan solo una parte de las diapositivas de la presentación, creando así una presentación personalizada a partir de otra, pero siempre sería posible ejecutar la presentación completa en su orden de secuencia original.

- **Presentación con hipervínculos:**

  Esta opción permite organizar el contenido en una presentación y crear vínculos a otras presentaciones relacionadas.

Otra posibilidad de las presentaciones es crear una diapositiva con un índice de contenido que permita desplazarnos por las diferentes secciones de la presentación. Es un tipo de presentación a medida.

*Para ello seleccionamos las diapositivas de las que deseamos generar el índice y, en el menú **Diapositiva**, la opción **Página resumen.***

7.2.   Cambiar orden de visualización

Durante la exposición de una presentación, y dependiendo de los espectadores, cabe la posibilidad de necesitar mostrar de nuevo una diapositiva anterior o hacer un salto hacía un punto posterior.

Impress incorpora una herramienta de edición cuando se está proyectando la presentación. Para acceder a ella se pulsa el botón secundario del ratón en cualquier diapositiva.

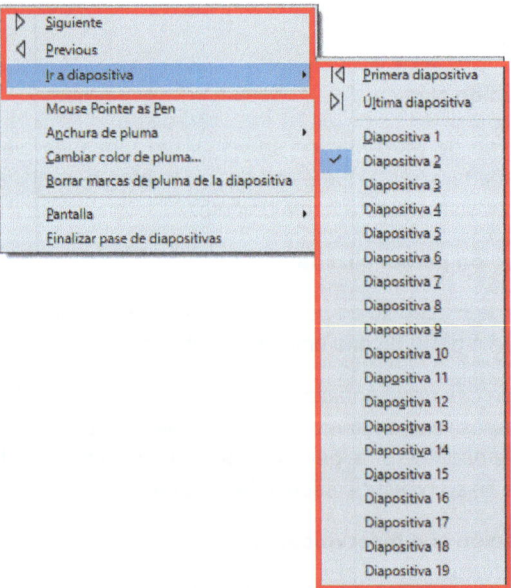

Ir a diapositiva

Con este menú se paran los efectos de animación y podremos ir a la diapositiva anterior o siguiente, a otra más adelante o atrás.

7.3.   Escribir durante la presentación

Impress ofrece la posibilidad de escribir en las diapositivas durante la presentación:

→   En la vista de presentación con diapositivas hacemos clic con el botón secundario del ratón sobre la diapositiva en la que queremos escribir.

→   Seleccionamos **Mouse Pointer as Pen** en el menú contextual.

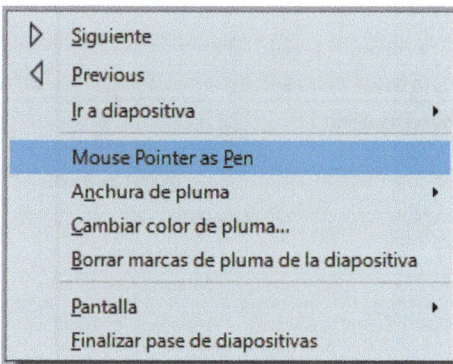

Mouse Pointer as Pen

8. Proteger los objetos de una presentación y la presentación

8.1.   Proteger posición y tamaño de los objetos

Para activar o desactivar la protección de un objeto realizaremos los siguientes pasos:

● Seleccionamos el objeto.

● Pulsamos la tecla de función F4 para acceder al cuadro de diálogo **Posición y tamaño.**

● También podemos acceder a través del menú **Formato/Cuadro de texto y forma/Posición y tamaño**.

● En la ficha *Posición y tamaño* del cuadro de diálogo, en la sección *Proteger*, podemos activar/desactivar las casillas *Posición y Tamaño*.

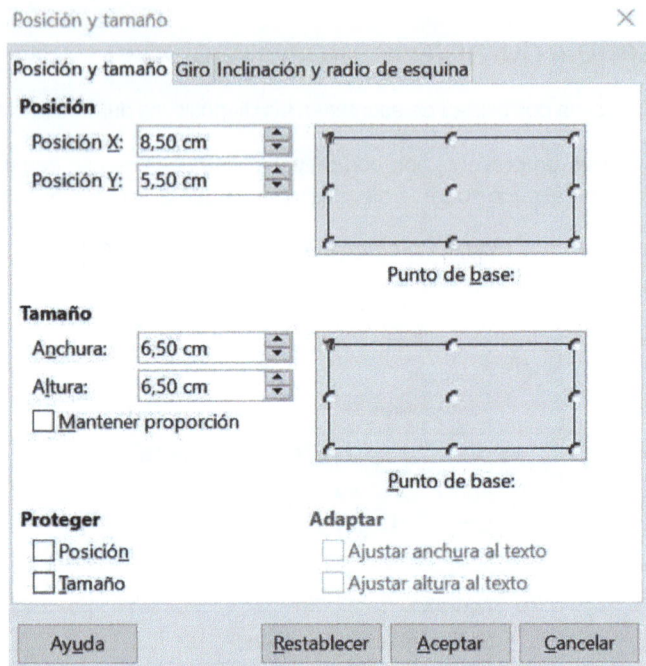

Posición y tamaño

8.2. Proteger la presentación

8.2.1. Protección de solo lectura

Con la presentación terminada, realizamos los siguientes pasos:

◆ Vamos a *Archivo/Guardar como*.

◆ Activamos la casilla *Guardar con contraseña*.

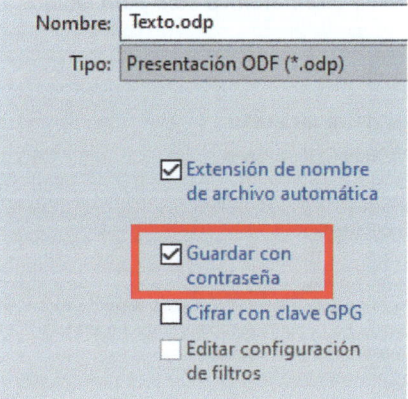

Guardar con contraseña

◆ Pulsamos en el botón **Guardar**.

◆ En el cuadro de diálogo **Definir contraseña** pulsamos en el botón que tenemos a la izquierda de **Opciones**.

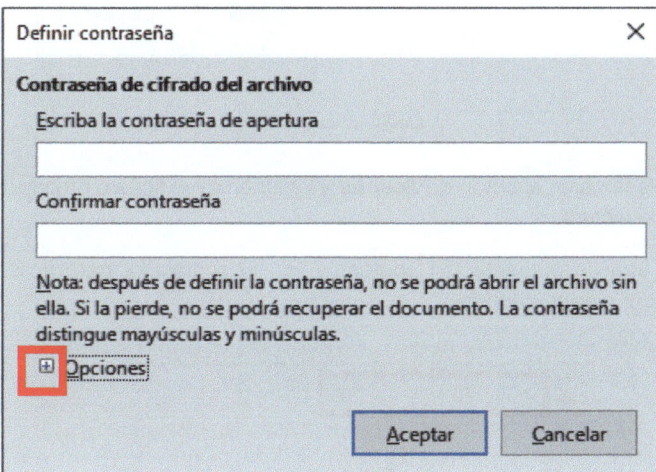

Definir contraseña

◆ Activamos la casilla ***Abrir archivo solo para lectura***.

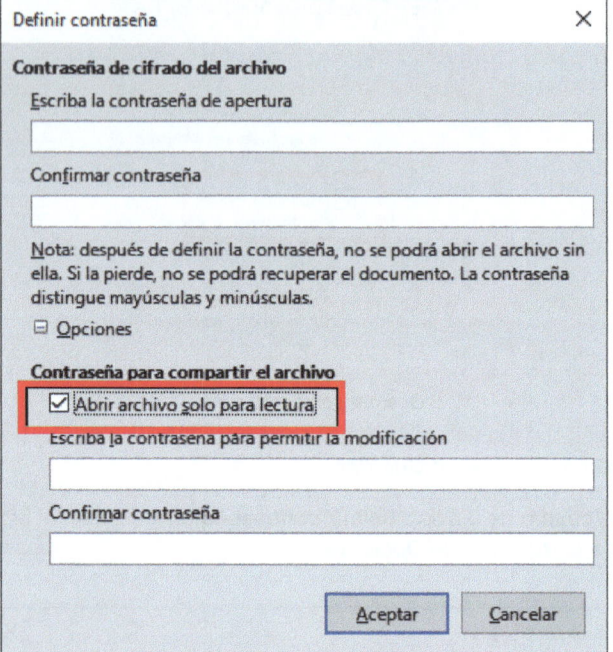

Definir contraseña

◆ Pulsamos en el botón de ***Aceptar*** y ya tenemos el fichero protegido como de solo lectura.

◆ Al abrir la presentación podremos ver su contenido, pero no se permitirá hacer ningún cambio.

Solo lectura

Si deseamos que alguien pueda modificar el fichero podemos establecer una contraseña que le facilitaremos solo a la persona o personas que puedan hacer cambios en la presentación.

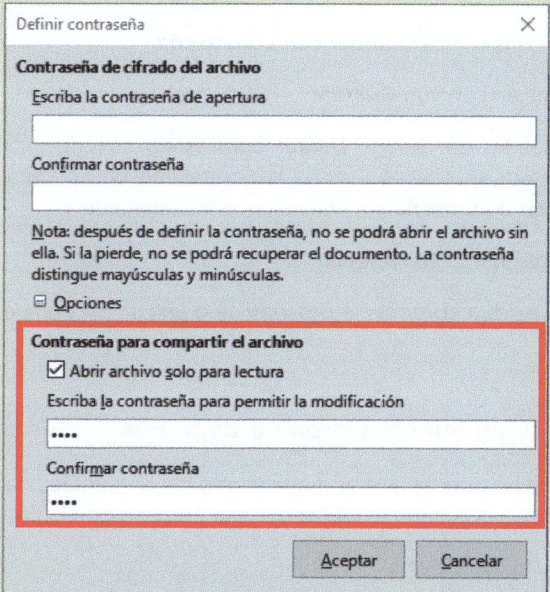

Contraseña para compartir el archivo

En este caso, cuando abramos el fichero se nos abrirá en modo de **Solo lectura** y para poder modificarlo tendremos que seguir los siguientes pasos:

- Ir al menú **Editar**.
- Activar la opción **Modo edición**.
- Se nos mostrará el cuadro de diálogo para introducir la contraseña y poder editar la presentación.
- Pulsamos en **Aceptar**.

8.2.2. Protección de apertura

Otra forma de proteger un documento en Impress es establecer una contraseña de apertura, de tal forma que solo podrán abrir el fichero aquellas personas que conozcan esa contraseña.

Los pasos a seguir son muy parecidos a los vistos en el apartado anterior:

* Hacemos clic en *Archivo/Guardar como*.

* Activamos la casilla *Guardar con contraseña*.

* Pulsamos en el botón *Guardar*.

* En el cuadro de diálogo *Definir contraseña*, introducimos la contraseña de apertura en cuadro Escriba la contraseña de apertura y, en la casilla *Confirmar contraseña*, repetimos la contraseña anterior.

* Pulsamos en el botón *Aceptar*.

La próxima vez que abramos la presentación nos solicitará la contraseña para poder abrirla.

8.2.3. Firmar digitalmente las presentaciones

En LibreOffice se pueden firmar digitalmente las presentaciones como medida de protección, ya que nos permite identificar a la persona que lo firma y asegurar su integridad.

La firma digital, también conocida como firma electrónica, es un conjunto de datos electrónicos que acompañan o que están asociados a un documento electrónico.

Para firmar un documento digitalmente es necesario disponer de un certificado digital o de un DNI electrónico.

El certificado electrónico o el DNI electrónico contiene unas claves criptográficas que son los elementos necesarios para firmar.

Para firmar una presentación debemos seguir los siguientes pasos:

→ **Archivo/Firmas digitales**.

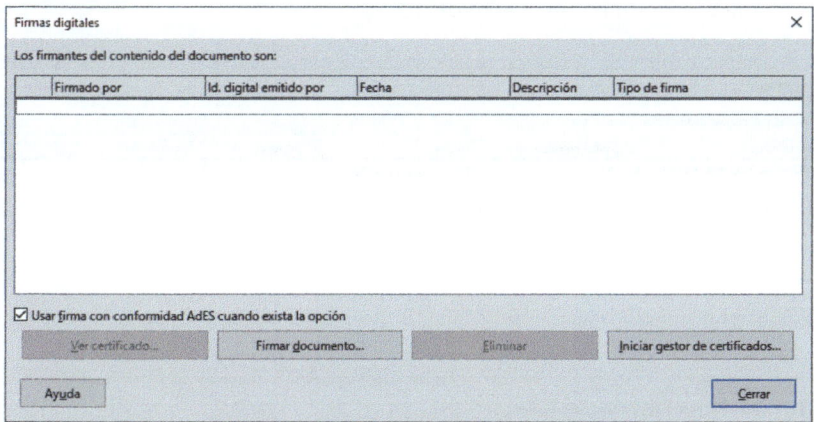

Firmas digitales

→ Clic en el botón **Firmar documento**.

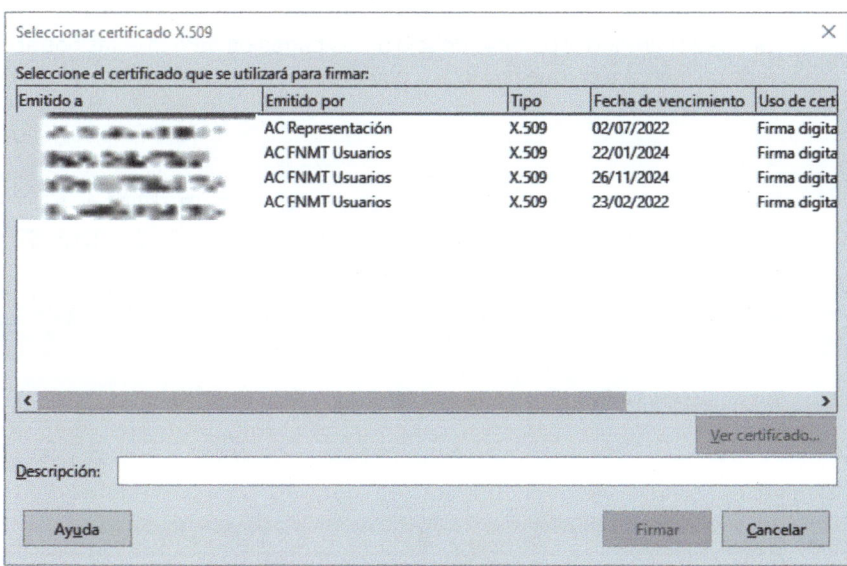

Seleccionar certificado

→ Seleccionamos el certificado con el que deseamos firmar y pulsamos en el botón Firmar. Nos aparece el certificado que se utilizará para firmar el documento y cerramos el cuadro de diálogo.

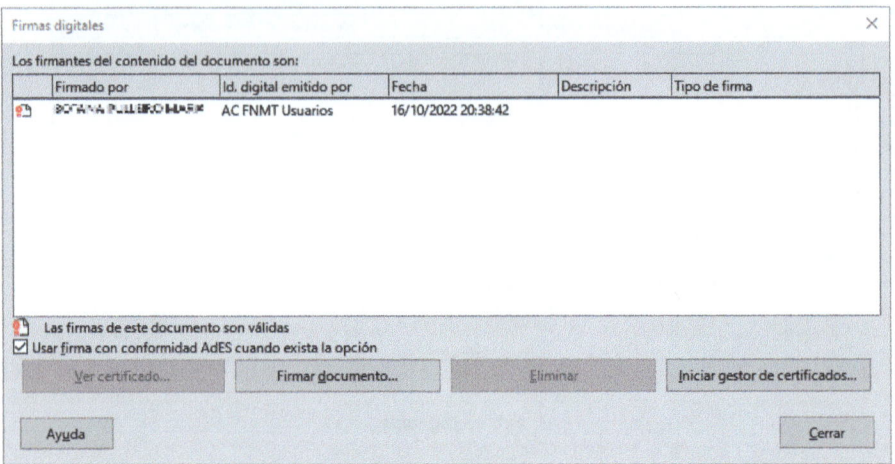

Firmas digitales

→ Una vez finalizado el proceso debajo de las barras de herramientas nos aparece un mensaje en que nos indica que el documento está firmado y la firma es válida.

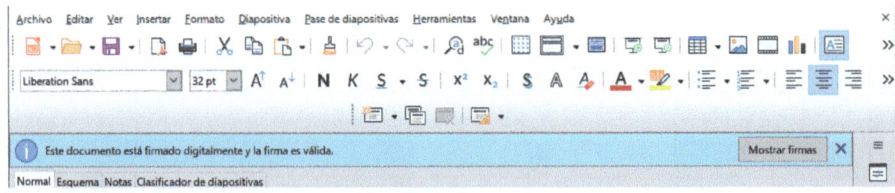

Mensaje Este documento está firmado y la firma es válida

Resumen

En esta unidad:

- Hemos visto cómo se añaden efectos especiales a la exposición de una presentación.

- Se han añadido efectos de transición a las diapositivas y de animación los objetos insertados en nuestra diapositiva.

- Hemos aprendido a configurar cada elemento de animación al igual que las transiciones.

- Se han explicado los tipos de presentaciones y sus destinos.

- Hemos profundizado en los procedimientos para exponer presentaciones y en la creación de presentaciones personalizadas.

- Hemos aprendido a hacer dinámica la presentación, moviendo la diapositiva a mostrar o al escribir en las diapositivas para dar énfasis a un punto.

- Hemos protegido nuestra presentación para evitar posibles cambios por personas no autorizadas, definiendo contraseñas de lectura y apertura.

AUTOEVALUACIONES

ENUNCIADOS

Unidad 1

1. ¿Qué se debe tener en cuenta para preparar una presentación?:

  a) El perfil de la audiencia.
  b) El conocimiento previo de los datos a mostrar por la audiencia.
  c) El objetivo a conseguir.
  d) Todas son correctas.

2. ¿Qué es la imagen corporativa de una empresa?:

  a) El signo de identidad de la misma.
  b) Una imagen que prevalece en la mente del consumidor.
  c) La firma de una empresa.
  d) Todas son correctas.

3. ¿Qué se considera como buena estructura de una presentación?:

  a) Introducción, desarrollo y cierre.
  b) Resumen y desarrollo.
  c) Introducción, desarrollo y resumen de ideas.
  d) Desarrollo, cierre y resumen de ideas.

4. ¿Qué características se pueden cambiar en los textos de una diapositiva?:

  a) Tamaño.
  b) Forma.
  c) Espacio ocupado.
  d) Todas son correctas.

5. ¿De qué no es conveniente abusar en una presentación?:

  a) De efectos visuales.
  b) De texto mostrado.
  c) Del tamaño de datos mostrados en las tablas.
  d) Todas son correctas.

6. Indica cuál de las siguientes no es una categoría de color denotativo:

a) Saturado.
b) Icónico.
c) Monocromático.
d) Fantasioso.

7. Respecto al texto mostrado en una diapositiva…

a) Se debe emplear negrita
b) No se deben emplear letras mayúsculas para todo el texto.
c) Las ideas no se resaltan con colores variados.
d) El texto, cuanto más claro y conciso, mejor.

8. Indica cuál de los siguientes no es considerado un color cálido:

a) Rojo.
b) Amarillo.
c) Azul.
d) Naranja.

9. En una diapositiva el texto nunca se pondrá…

a) Vertical.
b) Inverso.
c) Hacia arriba.
d) No hay una regla respecto a la colocación y orientación del texto.

10. ¿Qué es lo que se puede cambiar según las normas de estilo de una empresa?

a) Nada.
b) El tipo de letra empleada
c) El color del logotipo.
d) Las proporciones del logotipo.

Unidad 2

1. ¿Cómo podemos cerrar la aplicación de LibreOffice Impress?:

a) Pulsando con el botón izquierdo del ratón en el botón de cerrar que se encuentra en la esquina superior derecha de la ventana de la aplicación, a la altura de la barra de título.

b) Pulsando la combinación de teclas Ctrl + Q.

c) Pulsando en el menú de Archivo y seleccionando la opción Salir de LibreOffice.

d) Todas son correctas.

2. ¿Dónde se encuentra el panel de diapositivas?:

a) En la parte central de la pantalla.

b) En la parte izquierda.

c) En la parte derecha.

d) En la parte inferior de la pantalla.

3. ¿Dónde accedemos para activar las reglas?:

a) Menú Ver/Panel/Reglas.

b) Menú Ver/Reglas.

c) Menú Editar/Reglas.

d) Las reglas siempre están visibles.

4. Para guardar una copia de la presentación actual preservando los cambios de esta de forma rápida se emplea...

a) Archivo/Guardar.

b) Archivo/Guardar como.

c) La combinación de teclas Ctrl + G.

d) La copia de las diapositivas en otra presentación nueva.

5. ¿Cómo se denomina el tipo de vista en el que se muestran en una sola pantalla y en miniaturas las diapositivas de la presentación?:

a) Vista Clasificador de diapositivas.
b) Vista Esquema.
c) Vista Normal.
d) Vista Notas.

6. ¿Qué modo de vista es el de la siguiente imagen?:

a) Vista Clasificador de diapositivas.
b) Vista Esquema.
c) Vista Normal.
d) Vista Notas.

7. Al crear una presentación a partir de una plantilla…

a) Las diapositivas ya tienen definido un tipo de letra, tamaño y color.
b) Las diapositivas tienen ya definido unos dibujos o formas.
c) La presentación se genera con un número determinado de diapositivas.
d) Todas son correctas.

8. ¿Cómo ocultamos o mostramos la barra lateral, situada en la parte derecha de la pantalla de Impress?:

a) Accederemos al menú Ver/Barra lateral.
b) Accederemos al menú Ver/Barra de herramientas/Barra lateral.
c) Accederemos al menú Ver/Pantalla/Barra lateral.
d) Accederemos al menú de Herramientas/Barra lateral.

9. ¿Cómo podemos ocultar o mostrar el Panel de diapositivas, situado en la parte izquierda de la pantalla de Impress?:

a) Accediendo al menú Ver/Barra de herramientas/Panel de diapositivas.
b) Accediendo al menú Formato/Panel de diapositivas.
c) Pulsando en el botón situado entre el panel de diapositivas y la zona de trabajo.
d) Pulsando en el botón situado entre el panel de diapositivas y la barra lateral.

10. Si deseamos crear una presentación nueva, ¿qué botón pulsaremos?:

a)
b)
c)
d)

Unidad 3

1. ¿En qué menú está la opción Duplicar?:

    a) En el menú Diapositiva.
    b) En el menú Editar.
    c) En el menú Ver.
    d) En el menú Herramientas.

2. ¿Qué ocurre cuando se inserta una diapositiva nueva en una presentación creada a partir de una plantilla?:

    a) Esta adquiere las propiedades de la plantilla seleccionada.
    b) Solo adquiere las propiedades de fuente.
    c) Siempre será del tipo Título y contenido 2.
    d) Solo adquiere las propiedades de tamaño.

3. ¿Cómo podemos duplicar diapositiva?:

    a) En la vista normal de diapositivas, con el botón Nueva diapositiva, y haciendo clic en Duplicar diapositivas seleccionadas.
    b) Con el botón derecho del ratón en el panel de diapositivas sobre la dispositiva deseada y haciendo clic en Duplicar diapositivas.
    c) En la vista de Clasificador de diapositivas, con el botón Nueva diapositiva, y haciendo clic en Duplicar diapositivas seleccionadas.
    d) Seleccionamos la diapositiva a duplicar y, en el menú Insertar, elegimos Duplicar diapositiva.

4. Para seleccionar varias diapositivas consecutivas de una presentación…

    a) Se hace clic en la primera y, pulsando la tecla Ctrl, clic en la última.
    b) Se hace clic en la primera y, pulsando la tecla Alt, clic en la última.
    c) Se hace clic en la primera y, pulsando la tecla Mayús, clic en la última.
    d) Se hace clic en la primera y, pulsando la tecla Tab, clic en la última.

5. Cuando se inserta una diapositiva nueva aparecen unos recuadros en su interior. ¿Cómo se denominan?:

a) Marcadores de posición.
b) Cuadros de texto.
c) Marcos de texto.
d) Texto preformateado.

6. ¿En qué tipo de vista no se pueden eliminar diapositivas?:

a) Clasificador de diapositivas.
b) Esquema.
c) Normal.
d) Presentación con diapositivas.

7. ¿Cómo podemos hacer para ocultar una dispositiva?:

a) Clic en la opción correspondiente del menú contextual, teniendo seleccionada la diapositiva que deseamos ocultar.
b) En el menú Ver/Ocultar diapositiva, teniendo seleccionada la diapositiva que deseamos ocultar.
c) En el menú Editar/Ocultar diapositiva, teniendo seleccionada la diapositiva que deseamos ocultar.
d) No se pueden ocultar diapositivas.

8. La combinación de teclas Ctrl + M nos permite.

a) Duplicar una diapositiva.
b) Eliminar una diapositiva.
c) Pegar una diapositiva.
d) Crear una nueva diapositiva.

9. ¿Qué botón debemos pulsar de la barra de herramientas Presentación para eliminar una diapositiva?:

a)

b)

c)

d)

10. Al seleccionar una diapositiva aparece con…

a) Unas líneas diagonales.
b) Un borde resaltado.
c) Una cruz en el centro.
d) El número de la diapositiva remarcado.

Unidad 4

1. El botón ✎ de la barra de herramientas de dibujo nos permite…

   a) Cambiar el estilo de línea.
   b) Cambiar el color de línea.
   c) Cambiar el color de relleno.
   d) Cambiar el color de sombra.

2. El botón ↑ de la barra de herramientas de Formato de texto nos permite…

   a) Alinear el texto por la parte superior.
   b) Establecer el espaciado del texto por la parte superior.
   c) Establecer un interlineado superior del texto.
   d) Establecer espaciado con el párrafo anterior.

3. Si deseamos aplicar un estilo ya creado a las formas, cuadros de texto, etc. para darle más uniformidad a nuestra presentación, ¿qué botón de la barra lateral podemos utilizar?:

   a) ≡
   b) A✐
   c) ⊘
   d) ▤

4. Marca la afirmación correcta respecto a la inserción de texto en una autoforma.

   a) El texto no queda unido a la forma, por lo que se puede mover y girar de forma independiente a la forma.
   b) La forma y el texto se pueden desagrupar y por lo tanto el texto deja de estar unido a la forma.
   c) El texto queda unido a la forma, por lo que se mueve y gira junto con la forma.
   d) A las autoformas no se les pueden añadir texto.

5. El botón S (Etiqueta: Imagen pregunta 5/ Conmutar sombra.png) de la barra de herramientas de Formato de texto nos permite…

a) Aplicar negrita al texto.
b) Conmutar sombra al texto.
c) Aplicar subrayado al texto.
d) Cambiar el texto a mayúsculas.

6. ¿Qué botón de la barra de herramientas de dibujo seleccionamos para transformar un objeto de 2D en 3D?:

a)
b)
c)
d)

7. ¿Dónde podemos activar la opción para que en la pantalla se muestre la cuadrícula y nos sea más fácil situar los objetos dentro de la diapositiva?:

a) Ver/Retícula y líneas guía/Mostrar retícula.
b) Ver/Cuadrícula/Mostrar cuadricula.
c) Ver/Cuadrícula.
d) Ver/Mostrar cuadrícula.

8. La galería de imágenes que tiene Impress para facilitar su localización están organizadas en…

a) Categorías.
b) Géneros.
c) Estilos.
d) Temas.

9. ¿Cómo podemos crear un organigrama en Impress?:

a) Seleccionando el tipo de organigrama en Insertar/Forma/Organigrama.
b) A través de las formas y los conectores que tenemos en la barra de herramientas de dibujo o en el menú de Insertar/Forma.
c) Seleccionando el tipo de organigrama dentro de la galería de Impress en el tema Diagramas.
d) Seleccionando el tipo de organigrama en Insertar/Organigrama.

10. Una vez insertado un Fontwork en una diapositiva, ¿qué botón seleccionaremos para modificar el espaciado entre los caracteres?:

a)
b)
c)
d)

Unidad 5

1. ¿Cómo se inserta un comentario en la diapositiva?:

a) Seleccionamos el objeto, en el menú Herramientas seleccionamos Comentario y escribimos el comentario.

b) Seleccionamos el objeto, en el menú Insertar seleccionamos Comentario y escribimos el comentario.

c) Seleccionamos la diapositiva, en el menú Insertar seleccionamos Comentario y escribimos el comentario.

d) Seleccionamos la diapositiva, en el menú Editar seleccionamos Comentario y escribimos el comentario.

2. Si pulsamos el botón que tenemos marcado en la imagen con un recuadro rojo, ¿qué opciones nos aparecen?:

a) Eliminar comentario.

b) Eliminar todos los comentarios de.

c) Eliminar todos los comentarios.

d) Todas son correctas.

3. ¿Qué representa esta imagen?:

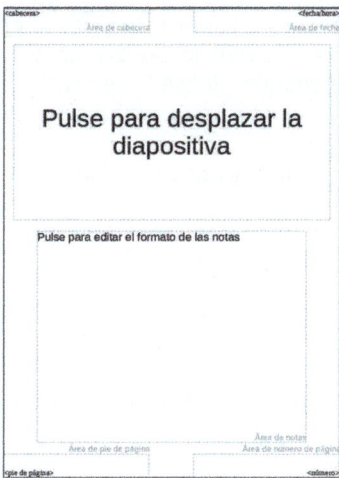

a) La vista de Notas.
b) La vista Diapositiva.
c) El Patrón de notas.
d) La vista Esquema.

4. ¿Qué pasos realizamos para mostrar un comentario que está oculto?:

a) Seleccionar el menú Editar/Comentarios/Ocultar comentarios.
b) Seleccionar el menú Editar/Ocultar comentarios.
c) Seleccionar el menú de Ver/Ocultar comentarios.
d) Seleccionar el menú de Ver/Comentarios.

5. ¿Cómo se elimina un comentario?:

a) Desde el menú Editar/Eliminar comentario.
b) Desde el menú Diapositiva/Eliminar comentario.
c) Pulsando el botón derecho del ratón encima de la marca del comentarios y seleccionado Eliminar comentario.
d) Los comentarios no se pueden eliminar.

6. En la vista Notas, ¿dónde se introduce el texto?:

a) En el marcador situado en la parte superior.
b) En el marcador situado en la parte inferior.
c) En el marcador situado a la izquierda.
d) En el marcador situado a la derecha.

7. ¿Cuántos comentarios podemos insertar en una diapositiva?:

a) Solo podemos insertar un comentario por diapositiva.
b) Como máximo podemos insertar dos comentarios por diapositiva.
c) Como máximo podemos insertar cuatro comentarios por diapositiva.
d) Pueden ser varios dependiendo de las necesidades.

8. ¿Cuál es la combinación de teclas para insertar un comentario en una diapositiva?:

a) Mayús + C.
b) Alt + C.
c) Ctrl + Alt + C.
d) Ctrl + C.

9. ¿Cómo modificamos un comentario?:

a) Hacemos un clic con el botón izquierdo del ratón sobre la marca del comentario.
b) Hacemos un doble clic con el botón izquierdo del ratón sobre la diapositiva.
c) Hacemos un clic con el botón derecho del ratón sobre la marca del comentario.
d) Hacemos un doble clic con el botón derecho del ratón sobre la diapositiva.

10. ¿Qué combinación de teclas utilizamos para desplazarnos al comentario anterior al que estamos situados?:

a) Ctrl + Alt + Re Pág.
b) Ctrl + Alt + Av Pág.
c) Ctrl + Re Pág.
d) Ctrl + Av Pág.

Unidad 6

1. ¿Con qué diseño se corresponde la siguiente diapositiva?:

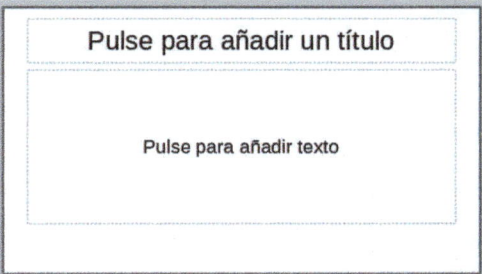

Pulse para añadir un título

Pulse para añadir texto

a) Título centrado.
b) Solo título.
c) Diapositiva de título.
d) Predeterminado.

2. ¿Qué botón de la barra lateral nos permite acceder a las plantillas?:

a)
b)
c)
d)

3. Si deseamos aplicar la misma animación al área del título para todas las dispositivas de la presentación, ¿dónde almacenaremos esa animación?:

a) En el Patrón de diapositvas.
b) En el Patrón documentos de notas.
c) En el Patrón de folletos.
d) No se pueden almacenar animaciones en los patrones.

4. En Propiedades de la diapositiva disponemos de la ficha Fondo para establecer el fondo de la diapositiva. ¿Qué opción permite definir un fondo basado en líneas rectas?

a) Motivo.
b) Degradado.
c) Trama.
d) Color.

5. ¿A través de qué menú podemos acceder a cualquiera de los patrones de Impress?

a) Formato.
b) Editar.
c) Ver.
d) Diapositiva.

6. ¿Qué botón de la barra de herramientas de vista patrón nos permite crear un patrón?

a)

b)

c)

d) No se puede crear un patrón a través de la barra de herramientas de vista patrón.

7. ¿Dónde se encuentran los marcadores en los patrones?:

a) En todos los patrones en el encabezado.
b) En todos los patrones en el pie.
c) En el patrón de diapositivas se encuentra en el pie y en el de notas y folletos en el encabezado.
d) En el patrón de diapositivas se encuentra en el encabezado y en el de notas y folletos en el pie.

8. Sí, por error, eliminamos del patrón de diapositivas el marcador del número de diapositiva, ¿dónde podremos volverlo a añadir al patrón?

a) En el menú Editar/Elemento del patrón.
b) En el menú Ver/Elemento del patrón.
c) En el menú Insertar/Elemento del patrón.
d) En el menú Diapositiva/Elemento del patrón.

9. En un patrón de diapositivas se puede almacenar la siguiente información:

a) Colores de fondo.
b) Encabezados y pies.
c) Tipos y tamaño de fuente.
d) Todas son correctas.

10. ¿Qué botón de la barra de herramientas de vista patrón utilizaremos para cerrar un patrón?:

a)

b)

c)

d) No se puede cerrar un patrón a través de la barra de herramientas de vista patrón.

Unidad 7

1. ¿En qué ficha del cuadro de diálogo Propiedades de diapositiva podemos seleccionar el formato de papel?:

a) Diapositiva.
b) Fondo.
c) Transparencia.
d) Tamaño Papel.

2. ¿En qué menú se encuentra la opción para configurar el formato de página o de salida de nuestra presentación?

a) Formato.
b) Archivo.
c) Diapositiva.
d) Herramientas.

3. ¿Qué nos permite la combinación de teclas Ctrl + P?:

a) Acceder al cuadro de diálogo Cabecera y Pie.
b) Acceder al cuadro de diálogo Propiedades de diapositiva.
c) Acceder al cuadro de diálogo Imprimir.
d) Acceder al cuadro de dialogo Configuración de la impresora.

4. ¿Dónde debemos acceder para numerar las diapositivas de la presentación en el pie?

a) Menú Insertar/Número de diapositiva.
b) Menú Diapositiva/Cabecera y pie/Número de diapositiva.
c) Menú Insertar/Cabecera y pie.
d) Menú Insertar/Cabecera y pie/Número de diapositva.

5. Teniendo en cuenta la imagen, ¿qué fecha se insertará en el pie de la primera diapositiva de la presentación?:

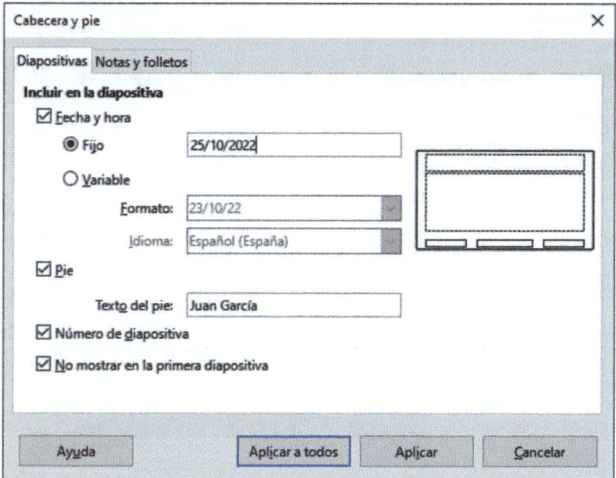

a) 25/10/2022.
b) 23/10/2022.
c) La fecha que tenga el sistema.
d) No se insertará ninguna fecha.

6. ¿Qué tipo de documento tendremos que seleccionar en el cuadro de diálogo Imprimir para poder seleccionar el número de diapositivas por página?:

a) Diapositivas.
b) Folletos.
c) Notas.
d) Esquema.

7. ¿Cuál es el número máximo de diapositivas por página a la hora de imprimir un folleto?:

a) 2.
b) 4.
c) 6.
d) 9.

8. Teniendo en cuenta la imagen, ¿cuál sería el resultado de la impresión?:

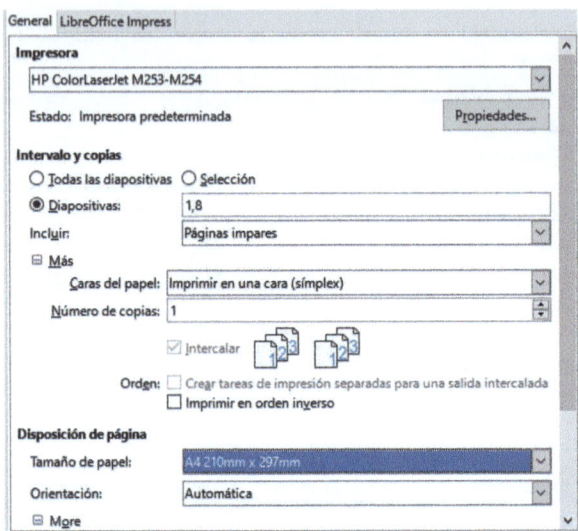

a) Se imprime la diapositiva 1.
b) Se imprimen las diapositivas 1 y 8.
c) Se imprimen las diapositivas 1, 3, 5, 7.
d) Se imprimen las diapositivas 1, 2, 3, 4, 5, 6, 7 y 8.

9. Si tenemos las diapositivas con una orientación horizontal y queremos imprimirlas a dos caras, ¿qué opción debemos seleccionar en el apartado Caras del papel de la opción Imprimir?

a) Imprimir en una sola cara (simplex).
b) Imprimir en ambas caras (dúplex, borde largo).
c) Imprimir en ambas caras (dúplex, borde corto).
d) Imprimir en ambas caras.

10. ¿Qué debemos hacer para que, en el cuadro de diálogo Imprimir, se active la casilla Intercalar?:

a) Debemos activar la casilla Imprimir en orden inverso.
b) Debemos indicar, en el Número de copias, un valor igual a 1.
c) Debemos indicar, en el Número de copias, un valor mayor a 1.
d) No disponemos de la casilla Intercalar en el cuadro de diálogo Imprimir.

Unidad 8

1. ¿En qué menú se encuentra la opción para aplicar transiciones a la presentación?

a) Ver.
b) Insertar.
c) Diapositiva.
d) Formato.

2. Si en una diapositiva deseamos resaltar uno de los objetos que ya están en pantalla, ¿qué efecto de animación le aplicaremos?:

a) Entrada.
b) Énfasis.
c) Salida.
d) Trayectoria.

3. ¿Qué nos permite hacer el botón de la barra lateral?:

a) Aplicar un efecto de transición.
b) Aplicar un efecto de animación.
c) Iniciar la presentación.
d) Aplicar un patrón de diapositivas.

4. ¿Qué opción debemos seleccionar si queremos iniciar un efecto de animación después de que finalice la animación anterior?:

a) Al pulsar con el ratón.
b) Con anterior.
c) Después del anterior.
d) Después del siguiente.

5. ¿Para qué sirve el botón $\boxed{-}$ de la barra lateral?:

a) Para quitar efecto.
b) Para quitar animación.
c) Para dismunuir la duración de la animación
d) Para disminuir la demora de la animación

6. Una vez guardada una presentación en nuestro ordenador, ¿qué opción debemos seleccionar si deseamos establecer una contraseña de apertura?:

a) Guardar.
b) Guardar como.
c) Guardar con protección.
d) Guardar con contraseña.

7. ¿Qué podemos hacer para proteger una presentación?:

a) Establecer una contraseña de apertura.
b) Establecer una contraseña solo para lectura.
c) Firmar digitalmente la presentación.
d) Todas son correctas.

8. ¿Qué tecla o teclas podemos utilizar para iniciar una presentación desde la primera diapositiva si estamos situados en la tercera?

a) F3.
b) F4.
c) F5.
d) Mayús + F5.

9. Si deseamos aplicar un efecto de animación para hacer aparecer en pantalla los objetos, ¿qué efecto de animación utilizaremos?:

a) Entrada.
b) Énfasis.
c) Salida.
d) Trayectoria.

10. ¿Qué nos permite hacer el botón [icon] ?:

a) Aplicar un efecto de animación.
b) Aplicar un efecto de transición
c) Reordenar las animaciones.
d) Reordenar las transiciones.

AUTOEVALUACIONES

SOLUCIONES

Unidad 1

1. **d)** *Todas son correctas.*

2. **d)** *Todas son correctas.*

3. **a)** *Introducción, desarrollo y cierre.*

4. **d)** *Todas son correctas.*

5. **d)** *Todas son correctas.*

6. **c)** *Monocromático.*

7. **b)** *No se debe emplear letras mayúsculas para todo el texto.*

8. **c)** *Azul.*

9. **d)** *No hay una regla respecto a la colocación y orientación del texto*

10. **a)** *Nada.*

Unidad 2

1. *d)* *Todas son correctas.*

2. *b)* *En la parte izquierda.*

3. *b)* *Menú/Ver reglas.*

4. *b)* *Archivo /Guardar como.*

5. *a)* *Vista Clasificador de diapositivas.*

6. *a)* *Vista Esquema.*

7. *c)* *Todas son correctas.*

8. *a)* *Accederemos al menú de Ver/Barra Lateral.*

9. *c)* *Pulsaremos en el botón situado entre el panel de diapositivas y la zona de trabajo.*

10. *a)*

Unidad 3

1. *a)* Diapositiva.

2. *a)* Esta adquiere las propiedades de la plantilla seleccionado.

3. *b)* Con el botón derecho del ratón en el panel de diapositivas sobre la dispositiva deseada y "Duplicar diapositivas".

4. *c)* Se hace clic en la primera y pulsando la tecla Mayús clic en la última.

5. *a)* Marcadores de posición.

6. *d)* Presentación con diapositivas.

7. *a)* Se hace clic en la opción correspondiente del menú contextual, teniendo seleccionada la diapositiva que deseamos ocultar.

8. *d)* Crear una nueva diapositiva.

9. *c)*

10. *c)* Con un borde resaltado.

Unidad 4

1. b) *Cambiar color de línea.*

2. a) *Alinear texto por la parte superior.*

3. b)

4. c) *El texto queda unido a la forma, por lo que se mueve y gira junto con la forma.*

5. b) *Conmutar sombra al texto.*

6. d)

7. a) *Ver/Retícula y líneas guía/Mostrar retícula.*

8. d) *Temas.*

9. b) *A través de las formas y los conectores, que tenemos en la barra de herramientas de dibujo o en el menú de Insertar/Forma.*

10. d)

Unidad 5

1. b) *Seleccionamos el objeto y en el menú de "Insertar" seleccionamos "Comentario " y escribimos el comentario.*

2. d) *Todas son correctas.*

3. c) *El Patrón de notas.*

4. d) *Seleccionar menú de Ver/Comentarios.*

5. c) *Pulsamos el botón derecho del ratón encima de la marca del comentarios y seleccionamos "Eliminar comentario".*

6. b) *En el marcador situado en la parte inferior.*

7. d) *Pueden ser varios dependiendo de las necesidades.*

8. c) *Ctrl +Alt + C.*

9. a) *Hacemos un clic con el botón izquierdo del ratón sobre la marca del comentario.*

10. a) *Ctrl + Alt + Repág.*

Unidad 6

1. *c)* *Diapositiva de título.*

2. *b)* 🖼 *Botón Patrones de diapositivas.*

3. *d)* *Patrón de diapositvas.*

4. *c)* *Trama.*

5. *c)* *c) Ver.*

6. *a)* 🖼

7. *c)* *En el patrón de diapositvas se encuentra en el pie y en el de notas y folletos en el encabezado.*

8. *d)* *En el menú de "Diapositiva" y seleccionamos la opción "Elemento del patrón".*

9. *d)* *Todas son correctas.*

10. *c)* 🖼

Unidad 7

1. *a)* *Diapositiva*

2. *c)* *Diapositiva.*

3. *c)* *Acceder al cuadro de diálogo "Imprimir"*

4. *d)* *Menú "Insertar" y seleccionar "Cabecera y pie" y seleccionar "Número de diapositva"*

5. *d)* *No se insertará ninguna fecha.*

6. *b)* *Folletos.*

7. *d)* *9.*

8. *a)* *Se imprime la diapositiva 1.*

9. *c)* *Imprimir en ambas caras (dúplex, borde corto).*

10. *c)* *Debemos indicar, en el Número de copias, un valor mayor a 1.*

Unidad 8

1. *c)* *Diapositiva.*

2. *b)* *Énfasis.*

3. *b)* *Aplicar un efecto de animación.*

4. *d)* *Después del siguiente.*

5. *a)* *Quitar efecto.*

6. *b)* *Guardar como.*

7. *d)* *Todas son correctas*

8. *c)* *F5.*

9. *a)* *Entrada.*

10. *b)* *Aplicar un efecto de transición.*

GLOSARIO

Aplicación Web	Son programas que están alojados en un servidor Web y que para utilizarlos tenemos que acceder al servidor a través de Internet o una Intranet.
Asistente	Son unas pantallas que nos facilitarán el trabajo y nos guiarán paso a paso en la realización del proceso.

Barra de direcciones	Zona de la ventana del navegador en la que introducimos la dirección de la página a la que deseamos ir.
Barras de herramientas	Conjunto de botones agrupados que representa a las opciones más comunes.

Deformación trapezoidal	Es la deformación que, a veces, se produce al proyectar una presentación y que consiste en que la parte de debajo de la imagen es más estrecha que la de arriba o viceversa.
Diapositiva	Es el elemento del que están compuestas las presentaciones y que pueden estar formadas por texto, gráficos, imágenes, etc.

Efecto	Es la animación que se le establece a un objeto o varios de la diapositiva.

Gradiente	Es un color que se aplica con un degradado.

Internet	Es una forma de interconexión de ordenadores que utilizan un protocolo denominados TCP/IP y que tiene un alcance mundial.
Intranet	Es una red de ordenadores dentro de una red de área local (LAN) privada empresarial o educativa.

L

Lúmenes	Unidad de medida que se utiliza para medir la intensidad de brillo.

M

Menú de contexto	Menú que se activa pulsando el botón derecho del ratón sobre un objeto o en una zona determinada de una ventana.

N

Navegador	Programa o aplicación que nos permite acceder y visualizar las páginas web.

O

Objeto	Cualquier elemento, excepto el texto, que se pueda añadir a una diapositiva.

P

Pixel	Número de puntos que se generan en la pantalla para reproducir una imagen.
Plantilla	Son los ficheros que agrupan a un conjunto de formatos y que podemos utilizar para aplicarle formato a las presentaciones.

R

Resolución pantalla	Es el número de pixeles que pueden ser mostrados en la pantalla.

S

Software beta	Representa generalmente la primera versión completa del programa informático.
Software libre	Es aquel que, una vez obtenido, puede ser usado, copiado, estudiado, modificado y redistribuido libremente.

Tecla de función	Teclas que, dependiendo del programa, tiene unas funciones prede- terminadas. Están situadas en la parte superior del teclado y aparecen numeradas con F1 hasta F12.
Transición	Es el movimiento que se produce cuando pasamos de una diapositiva a otra.
Transparencia	Es cuando aplicamos un color a un objeto, pero los objetos que están por detrás se visualizan.

Viñeta	Son pequeños símbolos que aparecen en la parte izquierda del texto en los párrafos.

BIBLIOGRAFÍA
WEBGRAFÍA

Bibliografía

- MARTÍN, MICHEL. *LibreOffice Impress 7 (eBook)*, 2021. Mediaforma.

  Publicación que enseña a crear presentaciones, formatearlas, agregar efectos a los elementos que componen sus diapositivas, agregar transiciones entre sus diapositivas, crear plantillas personalizadas y personalizar Impress (menús, menús contextuales, barras de herramientas, atajos de teclado, procesamiento de eventos) para que sea un placer usarlo.

  Se ha escogido este libro por la experiencia del autor en la ingeniería informática y sus grandes conocimientos sobre las TICS.

- OPEN LEARNING, MANCHESTER. *Cómo hacer presentaciones eficaces*, 2007, Editorial Ediciones Gestión 2000 (Barcelona).

  Cualquier directivo ha de estar interesado en implementar sus habilidades para mejorar el impacto de sus presentaciones. Este libro constituye una guía práctica para preparar, organizar, desarrollar y evaluar todo tipo de presentaciones. A lo largo de sus páginas se tratan los aspectos clave que pueden garantizar el éxito de cualquier presentación, tales como la adaptación a la audiencia, la preparación por anticipado, el inicio y finalización de la presentación, el control de la comunicación no verbal y técnicas para presentación de gráficos y datos. Además, se aportan recomendaciones de gran utilidad para resolver adecuadamente la mayoría de situaciones que se pueden plantear antes, durante y después de una presentación.

  Se ha escogido esta obra porque es importante aprender cómo se desarrolla una presentación. Esta publicación nos enseña a plasmar en nuestra presentación, en formato digital, aquellas ideas más importantes y conseguir que generen impacto en la audiencia.

Webgrafía

- Portal web oficial de LibreOffice en el que podemos encontrar información actualizada sobre la aplicación de Impress:

  Impress | LibreOffice en español - suite ofimática libre, basada en OpenOffice, compatible con Microsoft

- Portal web de LibreOffice en el que se encuentra disponible una guía sobre Impress:

  Impress | LibreOffice Documentation - LibreOffice User Guides

- Página de Youtube sobre funcionamiento y utilidades de Impress:

  LibreOffice Impress - YouTube